VWL Grundwissen

Ein Schnellkurs zum Auffrischen und Nachschlagen

Herbert Sperber

W0000043

2. Auflage

So nutzen Sie dieses Buch

Die folgenden Elemente erleichtern Ihnen die Orientierung im Buch:

Beispiele

In diesem Buch finden Sie zahlreiche Beispiele, die die geschilderten Sachverhalte veranschaulichen.

Definitionen

Hier werden Begriffe kurz und prägnant erläutert.

> **Auf den Punkt gebracht**
>
> Am Ende jedes Kapitels finden Sie eine kurze Zusammenfassung des behandelten Themas.

Die Merkkästen enthalten Empfehlungen und hilfreiche Tipps.

Inhalt

Einige zentrale Sachverhalte vorab

Ein großes Problem der menschlichen Existenz liegt in der Knappheit, das heißt, der begrenzten Verfügbarkeit von Gütern und Produktionsfaktoren zu deren Erzeugung. Die Wirtschaftswissenschaften widmen sich der Frage, wie die Menschen mit diesem Problem umgehen bzw. sinnvollerweise umgehen sollten. Traditionell unterscheidet man dabei zwischen der Betriebs- und der Volkswirtschaftslehre.

Womit beschäftigt sich die Volkswirtschaftslehre?

Während die Betriebswirtschaftslehre die Entscheidungen der Unternehmen analysiert, beschäftigt sich die Volkswirtschaftslehre mit den Vorgängen des Wirtschaftslebens insgesamt. Sie wird in die Wirtschaftstheorie, die Wirtschaftspolitik und die Finanzwissenschaft untergliedert.

Einteilung der Wirtschaftswissenschaften

Gegenstand der *Wirtschaftstheorie* ist zum einen die Mikroökonomik. Sie befasst sich mit dem Verhalten von Haushalten und Unternehmen sowie mit der Funktionsweise von Märkten. Aufgabe der Makroökonomik ist es zu erklären, wie sich die Entscheidungen von Unternehmen, Haushalten und Staat in ihrer Gesamtheit auswirken. Warum kommt es zu Konjunkturschwankungen, Arbeitslosigkeit und Inflation? Welche Rolle spielt das Geld? Die Außenwirtschaftslehre fragt nach den Konsequenzen, die aus der internationalen Verflechtung eines Landes entstehen. Im Rahmen der *Wirtschaftspolitik* geht es um Möglichkeiten des staatlichen Eingriffs in die Ordnung, die Struktur und den Ablauf der Wirtschaft. Was sollen Regierung und Zentralbank tun? Welche Rezepte gibt es zur Bewältigung der ökonomischen und sozialen Probleme einer Nation? Die *Finanzwissenschaft* schließlich untersucht die Aufgaben des Staates im Wirtschaftsgeschehen. Ihr Interesse richtet sich auf die Wirkungen von Steuern, Staatsausgaben und öffentlichen Schulden.

Wirtschaftssysteme im Vergleich

In jeder Volkswirtschaft sind infolge der nur begrenzten Produktionsmöglichkeiten drei Grundfragen zu beantworten:

▸ *Was* soll produziert werden?

▸ (Welche Güter sollen in welchen Mengen hergestellt werden?)

▸ *Wie* soll produziert werden?

▸ (Welche Produktionsmittel sollen in welchem Umfang wo eingesetzt werden?)

▸ *Für wen* soll produziert werden?

▸ (Wer erhält wie viel des Produktionsergebnisses? Welcher Teil der Produktion soll konsumiert, welcher Teil investiert werden?)

Die auf die Lösung dieser drei Kernprobleme gerichteten Entscheidungen können von einer zentralen Planungsbehörde getroffen werden. Das setzt voraus, dass die Produktionsmittel Kapital und Boden vergesellschaftet sind. Man spricht von *sozialistischer Zentralverwaltungswirtschaft.* Typischerweise werden hier auch die Güterpreise und Löhne staatlich festgelegt. Die Erfahrungen mit dieser Organisationsform einer Volkswirtschaft sind wenig ermutigend, wie die Beispiele der ehemaligen UdSSR, Kuba oder Nordkorea zeigen.

Auf der anderen Seite steht die *kapitalistische Marktwirtschaft*, in der Millionen von Privathaushalten und Unternehmen eigenverantwortlich (dezentral) darüber entscheiden, was, wie und für wen produziert wird. Die Produktionsmittel befinden sich in privater Hand, und die Lenkung der Güterherstellung geschieht über die erzielbaren Preise und Gewinne. Als Exponenten dieses Systems gelten die USA, Hongkong oder Monaco.

Die einzelnen Wirtschaftssysteme ergeben sich aus der Kombination der Bauelemente »Koordinationsprinzip« und »Eigentumsordnung«		
Eigentums-ordnung / Koordinationsprinzip	Privateigentum an Produktionsmitteln	Gemeineigentum an Produktionsmitteln
dezentrale Planung	kapitalistische Marktwirtschaft	sozialistische Marktwirtschaft
zentrale Planung	kapitalistische Zentralverwaltungswirtschaft	sozialistische Zentralverwaltungswirtschaft

Wirtschaftssysteme

Die *kapitalistische Zentralverwaltungswirtschaft* dürfte keine ernsthafte Realisierungschance haben. Im Modell der *sozialistischen Marktwirtschaft* sind die Produktionsmittel entweder überwiegend Staatseigentum (Beispiel China) oder sie gehören den Beschäftigen der einzelnen Betriebe (Beispiel Jugoslawien bis Ende der 1980er Jahre). Meist hat hier auch die staatliche Planung noch erhebliches Gewicht.

Die heute in der Realität zu beobachtenden Wirtschaftssysteme stellen i.d.R. Mischformen dar. Auch in der von Ludwig Erhard (1897–1977) in Deutschland etablierten „sozialen Marktwirtschaft" kommt dem Staat die Aufgabe zu, lenkend einzugreifen und als negativ empfundene Wirkungen der freien Marktwirtschaft abzumildern.

Die unsichtbare Hand des Marktes

Die Funktionsweise der kapitalistischen Marktwirtschaft lässt sich gut anhand des einfachen Wirtschaftskreislaufs erklären. In diesem Modell sind alle privaten Haushalte zum Sektor Haushalte und sämtliche Unternehmen zum

Sektor Unternehmen zusammengefasst. Der Staat und das Ausland werden nicht berücksichtigt.

Die Unternehmen nutzen die von den Haushalten angebotenen Produktionsfaktoren – Arbeit, Boden und Kapital – und die Haushalte verwenden das dafür erhaltene Einkommen für den Kauf von Konsumgütern. Es fließt also zwischen den beiden Sektoren ein ständiger Strom von Konsumgütern und Faktorleistungen, dem ein wertgleicher Geldstrom entgegengerichtet ist. Als Plattform für den Tausch Geld gegen Güter bzw. Geld gegen Faktorleistungen dienen die Konsumgüter- bzw. die Faktormärkte.

Koordination durch den Markt

Steigt nun die Nachfrage der Haushalte nach einem bestimmten Konsumgut, sagen wir Kartoffeln, so erhöht sich deren Preis und die Gewinne in der Kartoffelbranche nehmen zu. Dies veranlasst die Bauern, mehr Kartoffeln anzubauen, und lockt außerdem neue Anbieter auf den lukrativen Markt. Entsprechend werden mehr Feldarbeiter, Pflüge, Ackerflächen etc. benötigt, woraufhin deren Nutzungspreise – Löhne, Mieten, etc. – ansteigen.

Das Beispiel zeigt mithin, dass in der Marktwirtschaft die Konsumenten darüber entscheiden, *was* in der Volkswirtschaft produziert wird (nämlich das, was den höchsten Gewinn abwirft). Die gezielte Nachfrage der Unternehmen nach Faktorleistungen bestimmt daraufhin die Einkommen und damit, *für wen* produziert wird. Die Höhe der Faktorpreise schließlich ist maßgeblich dafür, *wie* produziert wird. Wenn etwa die Löhne der Feldarbeiter zu hoch erscheinen, werden die Bauern versuchen, Feldarbeiter (Arbeit) durch Kartoffelerntemaschinen (Kapital) zu ersetzen. Der

Wettbewerbsdruck zwingt die Unternehmen zu höchst-
möglicher Effizienz.

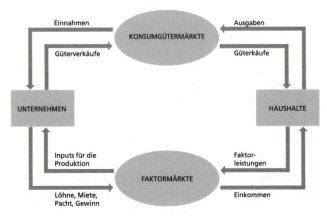

Der einfache Wirtschaftskreislauf

Als Fazit ergibt sich:

! Die Lenkung des Wirtschaftsprozesses in einer freien
Marktwirtschaft erfolgt durch den Preismechanismus. Er
ist jene „unsichtbare Hand", von der Adam Smith, der
geistige Vater der Marktwirtschaft, 1776 in seinem wich-
tigsten Wer „Der Wohlstand der Nationen" gesprochen
hat. Sie bringt den Einzelnen, der im Grunde nur seinen
eigenen Vorteil im Auge hat, dazu, sich für das Gemein-
wohl einzusetzen.

Kritik am freien Preis- bzw. Marktmechanismus

Das vorne beschriebene marktwirtschaftliche System ist im Hinblick auf die Erreichung materiellen Wohlstands zweifellos äußerst leistungsfähig. Aber es hat auch gravierende Schwächen:

▸ Private Unternehmen produzieren nur, wenn sie damit Gewinn machen können. Sogenannte „öffentliche Güter", die am Markt nicht ohne Weiteres verkauft werden können, wie Sicherheit oder Schutzimpfungen gegen Seuchen, werden nicht angeboten.

▸ Die absolute Gewinnorientierung kann zu Konflikten mit sozialpolitischen Zielen, etwa der Arbeitsplatzsicherheit, führen.

▸ Ein weiteres Problem bildet das Auftreten „externer Effekte". Beispiel: Ein Unternehmen schädigt die Umwelt, ohne dafür zu bezahlen.

▸ Die wirtschaftliche Aktivität schwankt. In Krisenzeiten kommt es zu Arbeitslosigkeit. Umgekehrt besteht die Gefahr der Inflation. Den Chancen auf materiellen Erfolg stehen existenzielle Risiken gegenüber.

▸ Typisch ist schließlich die sehr ungleiche Einkommens- und Vermögensverteilung. Sie ist die Folge des zugrunde liegenden Leistungsprinzips.

Das magische Viereck

In Deutschland sind die Ziele der Wirtschaftspolitik im „Gesetz zur Förderung der Stabilität und des Wachstums der Wirtschaft" vom 8. Juni 1967 festgelegt worden. § 1StabG lautet:

> Bund und Länder haben bei ihren wirtschafts- und finanzpolitischen Maßnahmen die Erfordernisse des gesamtwirtschaftlichen Gleichgewichts zu beachten. Die Maßnahmen sind so zu treffen, dass sie im Rahmen der marktwirtschaftlichen Ordnung gleichzeitig zur Stabilität des Preisniveaus, zu einem hohen Beschäftigungsstand und außenwirtschaftlichem Gleichgewicht bei stetigem und angemessenem Wirtschaftswachstum beitragen.

Weitere, häufig genannte Ziele sind eine gleichmäßigere Einkommens- und Vermögensverteilung sowie der Umweltschutz. Das Zielsystem wird entsprechend als magisches Viereck, Fünfeck oder allgemein als magisches Vieleck bezeichnet. Der Begriff „magisch" soll dabei ausdrücken, dass die Ziele oft miteinander in Konflikt stehen und deshalb in der Realität nicht gleichzeitig zu erreichen sind. Vielmehr ist die Gefahr gegeben, dass die Verbesserung des einen Ziels mit der Verschlechterung eines anderen Ziels verbunden ist. Dies erfordert dann ein Abwägen (Trade-off). Beispiele für solche Zielkonflikte sind zahlreich.

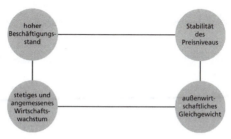

Das magische Viereck

Zielkonflikte

Zum Beispiel wirkt sich ein hohes Wirtschaftswachstum zwar positiv auf die Beschäftigungslage aus, ist indes häufig von Preissteigerungen begleitet. Daraufhin nehmen die Importe zu und die Exporte ab, wodurch das außenwirtschaftliche Gleichgewicht gefährdet wird. Der wohl berühmteste Zielkonflikt wird anhand der sogenannten Phillipskurve diskutiert, nach der eine höhere Beschäftigung durch eine staatliche Konjunkturankurbelung unter Inkaufnahme von Inflation erreicht werden kann. Dies behaupten zumindest die Vertreter der „Nachfragepolitik". Die Verfechter der „Angebotspolitik" setzen dem entgegen, dass eine solchermaßen expansive Wirtschaftspolitik längerfristig sowohl zu Inflation als auch zu mehr Arbeitslosigkeit führt. Man nennt das „Stagflation".

Wirtschaftspolitische Instrumente ...

Zur Erreichung der wirtschaftspolitischen Ziele verfügt jede Nation über ein breit gefächertes Instrumentarium.

Einteilung der Wirtschaftspolitik

Wichtigster Bereich der *Ordnungspolitik* ist die Wettbewerbspolitik, deren rechtliche Basis in Deutschland das
Gesetz gegen Wettbewerbsbeschränkungen (GWB) –
auch „Kartellgesetz" genannt – bildet. Zur Ordnungspolitik gehört des Weiteren die Verteilungspolitik. Bei dieser
unterscheidet man vermögenspolitische (z. B. Wohnungs-
bauprämie, Vermögensteuer) und einkommenspolitische
Instrumente (z. B. progressive Einkommensteuer, Sozialhilfe, Kindergeld). Die Verteilungspolitik ist das Hauptins-
trument der Sozialpolitik.

Die *Strukturpolitik* umfasst alle Maßnahmen, mit denen
der Staat auf die Entwicklung bestimmter Wirtschaftsbereiche (z. B. Kohle-, Stahl-, Textilindustrie), Regionen (z. B.
neue Bundesländer, Saarland) oder Betriebe (z. B. Mittel-
stand) Einfluss nehmen will.

Zur *Prozess- oder Ablaufpolitik* zählen die Konjunktur- und
Wachstumspolitik. Wachstumspolitik zielt auf die Förderung des Wirtschaftswachstums. Dies geschieht auch innerhalb der Ordnungspolitik, etwa über die Arbeitsmarkt-,
Technologie-, Bildungs- und Umweltpolitik. Wachstums-
politische Relevanz haben zudem die Maßnahmen der
Strukturpolitik.

Die Konjunkturpolitik dient der Verstetigung der konjunkturellen Entwicklung. Wesentliche Bereiche bilden
die Fiskalpolitik (z. B. Steuersenkung, Investitionsprämien,
staatliche Ausgabenprogramme) und die Geldpolitik. Konjunkturpolitik kann daneben über Instrumente der Außenwirtschaftspolitik (z. B. Exportsubventionen, Importzöl-
le) und der Währungspolitik (z. B. Abwertung) betrieben
werden.

… und ihre Wirkungsweise

Wenn wir aus den genannten wirtschaftspolitischen Instrumenten die Maßnahmen der Prozesspolitik herausgrei-
fen, so lässt sich deren Wirkungsmechanismus wie folgt
beschreiben:

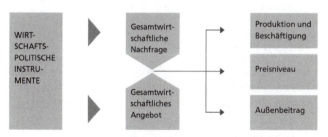

Wirkungsweise wirtschaftspolitischer Instrumente

Der Instrumenteneinsatz, etwa im Rahmen der Fiskal- oder
Geldpolitik, führt zu Änderungen bestimmter Größen in
der Volkswirtschaft, z. B. der Steuern, Zinsen, Wechselkurse etc. Diese Größen spielen ihrerseits für die Nachfra-
ge- und Angebotsentscheidungen der Wirtschaftsakteure
eine bedeutende Rolle. Die gesamtwirtschaftliche Nach-

frage entspricht den Ausgaben, die die Konsumenten, die Unternehmer, der Staat und das Ausland tätigen wollen. Unter dem gesamtwirtschaftlichen Angebot versteht man die Ausbringungsmenge, die die inländischen Unternehmen zu produzieren und zu verkaufen bereit bzw. in der Lage sind.

Aus den Wechselwirkungen zwischen Angebot und Nachfrage resultieren nun bestimmte Ergebnisse, die sich in den gesamtwirtschaftlichen Zielgrößen (Produktion und Beschäftigung, Preisniveau, Außenbeitrag) niederschlagen. Wenn sich also zum Beispiel die gesamtwirtschaftliche Nachfrage erhöht, steigt typischerweise das Preisniveau, und die Produktion und Beschäftigung nehmen zu. Der damit verbundene Einkommenszuwachs regt aber die Importnachfrage an, wodurch sich der Außenbetrag (= Exporte minus Importe) verschlechtert.

Auf den Punkt gebracht

Bei der Lösung des Knappheitsproblems hat sich das marktwirtschaftliche System als haushoch überlegen erwiesen. Um Konjunkturschwankungen, Übertreibungen und soziale Härten zu begrenzen, bedarf es aber einer starken staatlichen Wirtschaftspolitik.

Messung der Wirtschaftsleistung

Die in einem Land abgelaufenen Wirtschaftsprozesse werden in der Volkswirtschaftlichen Gesamtrechnung systematisch erfasst. In Deutschland ist hierfür in erster Linie das Statistische Bundesamt in Wiesbaden zuständig.

Inlandsprodukt und Nationaleinkommen

Als wichtigstes Maß für die Wirtschaftsleistung einer Nation gilt das Bruttoinlandsprodukt.

Bruttoinlandsprodukt

Das Bruttoinlandsprodukt ist der Wert aller in einem Zeitraum (z. B. ein Jahr) innerhalb der Landesgrenzen erzeugten Endprodukte.

Betrachtet man seine *Entstehung*, so ergibt sich das Bruttoinlandsprodukt – grob gesprochen – aus der Summe der Wertschöpfungen der einzelnen Wirtschaftsbereiche (Dienstleistungen, produzierendes Gewerbe einschließlich Bau, Land- und Forstwirtschaft sowie Fischerei).

Verwendet wird das Bruttoinlandsprodukt für vier Zwecke: den privaten und staatlichen Konsum, die Investitionen und den Außenbeitrag (= Exporte minus Importe von Waren und Dienstleistungen). Alle Komponenten zusammen bilden die volkswirtschaftliche Gesamtnachfrage.

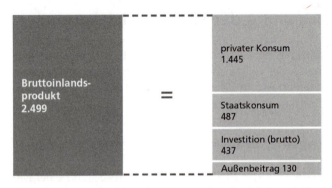

Das Bruttoinlandsprodukt und seine Verwendung (in Mrd. Euro 2010)

Zu unterscheiden ist das nominale und das reale Bruttoinlandsprodukt. Nominal heißt, dass die mit den Verkaufs-
preisen bewerteten Endprodukte zusammengezählt werden. Wenn sich die Preise verdoppeln, dann verdoppelt
sich das nominale Bruttoinlandsprodukt. Das reale Bruttoinlandsprodukt misst hingegen nur die Menge der Produktion, sozusagen den Güterberg. Dies geschieht, indem
man die Produktion von Waren und Dienstleistungen mit
den Preisen des jeweiligen Vorjahrs bewertet.

Reales Wirtschaftswachstum

*Die Veränderung des realen Bruttoinlandsprodukts bezeichnet
das reale Wirtschaftswachstum.*

Als Wohlstandsindikator ist das Bruttoinlandsprodukt übrigens schlecht geeignet:

▸ Die nicht offiziell am Markt, sondern in der „Schattenwirtschaft" gehandelten Güter werden nicht erfasst.

▸ Die unentgeltliche Arbeit in privaten Haushalten findet keine Berücksichtigung.

▸ Negative Effekte der Produktion, z. B. Umweltschäden, werden nicht einbezogen. Die Produktion von Vernichtungswaffen zählt genauso viel wie die lebensrettender Arzneimittel

Häufig gebraucht wird auch der Begriff des Bruttonationaleinkommens (früher: Bruttosozialprodukt).

Bruttonationaleinkommen

Das Bruttonationaleinkommen misst den Güterberg, der von inländischen Produktionsfaktoren erzeugt wurde, auch wenn die Herstellung im Ausland erfolgt.

Ein Beispiel ist der Saarländer, der in Frankreich arbeitet. Seine Produktionsleistung bzw. das Einkommen, das er dafür bezieht, gehört zum Bruttonationaleinkommen, nicht aber zum Bruttoinlandsprodukt. Umgekehrt fließen natürlich auch Erwerbs- und Vermögenseinkommen an in Deutschland arbeitende Ausländer. Es gilt also:

Bruttonationaleinkommen

= *Bruttoinlandsprodukt*

+ *Faktoreinkommen aus dem Ausland*

− *Faktoreinkommen an das Ausland.*

Die Bezeichnung Bruttonationaleinkommen weist darauf hin, dass mit der gesamtwirtschaftlichen Produktion in gleicher Höhe Einkommen entsteht. Die Unternehmen müssen aus den Verkaufserlösen den Verschleiß ihrer Maschinen in Höhe der Abschreibungen finanzieren sowie Gütersteuern

(= Umsatz- und Mineralölsteuer) und Importabgaben abführen. Andererseits erhalten Sie vom Staat Subventionen. Der letztlich verbleibende Betrag ist das Volkseinkommen.

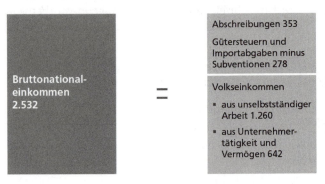

Die Verteilung des Bruttonationaleinkommens (in Mrd. Euro 2010)

Es umfasst die Löhne und Gehälter der Arbeitnehmer. Ein weiterer Teil wird als Zinsen oder Dividende an Kapitalgeber ausbezahlt. Der Rest ist unternehmerischer Gewinn.

Die gesamtwirtschaftliche Identität

Wenn die Bewohner eines Landes ihr Einkommen nicht völlig für den Kauf von Konsumgütern ausgeben, bleibt eine gewisse Ersparnis. Sie entspricht dem Anstieg des volkswirtschaftlichen Reinvermögens und steht für die Finanzierung von Investitionen, also die Bildung von Sachvermögen im Inland, zur Verfügung. Übersteigt das Sparen die Investitionstätigkeit, resultiert am Ende ein Finanzierungsüberschuss, der im Ausland angelegt wird. Man spricht von Nettokapitalexporten. Andernfalls ergäbe sich ein Finanzierungsdefizit, das durch Nettokapitalimporte aus dem Ausland gedeckt werden müsste. Man bezeichnet diese für jeden Zeitraum und jede Volkswirtschaft gültige Beziehung als „gesamtwirtschaftliche Identität". Es handelt sich um so etwas wie die Visitenkarte einer Volkswirtschaft.

Die gesamtwirtschaftliche Identität (in Mrd. Euro 2010)

Die Zahlungsbilanz

Sämtliche Transaktionen zwischen Inländern und Ausländern werden in der Zahlungsbilanz verbucht.

Grundschema der Zahlungsbilanz

Die Verbuchung der grenzüberschreitenden Güterströme sowie der laufenden und vermögenswirksamen Übertragungen (Beispiel: Gastarbeiterüberweisungen bzw. Wiederaufbauhilfe) erfolgt im „oberen Teil" der Zahlungsbilanz und führt zum Finanzierungssaldo. Die Gegenbuchung der damit verbundenen Geld- bzw. Forderungsströme geschieht im „unteren Teil" der Zahlungsbilanz. Dort werden auch die reinen Finanztransaktionen – mit Buchung und Gegenbuchung – erfasst (Beispiel: Kauf eines ausländischen Wertpapiers). Die Transaktionen der Zentralbank werden separat in der Devisenbilanz verbucht. Entsprechend dem System der doppelten Buchführung ist die Zahlungsbilanz als Ganzes stets ausgeglichen. Es gilt immer:

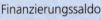

Finanzierungssaldo
+ Saldo der Kapitalbilanz
+ Saldo der Devisenbilanz
= 0

Zur gesamtwirtschaftlichen Bedeutung des Geldes

Die Rolle des Geldes lässt sich gut anhand des vorne beschriebenen Wirtschaftskreislaufes erklären, den man in einen Geld- und einen Güterbereich zerlegen kann.

Geld- und Güterkreislauf

Ausgangspunkt ist die Überlegung, dass die zwischen den Sektoren fließenden Einkommens- bzw. Ausgabenströme mit der umlaufenden Geldmenge bewältigt werden müssen. Zu diesem Zweck wird das vorhandene Geld normalerweise mehrfach den Besitzer wechseln. Laufen zum Beispiel 500 Milliarden Geldscheine um und beträgt der Wert des gesamtwirtschaftlichen Handelsvolumens in einem Jahr zwei Billionen, so wird offenbar jeder Geldschein vier Mal pro Jahr für Zahlungszwecke verwendet. Die Häufigkeit, mit der das Geld für Zahlungen eingesetzt wird, bezeichnet man als Umlauf- oder Einkommenskreislaufsgeschwindigkeit des Geldes. Werden nun mengenmäßig eine Billion Güter gehandelt, dann ist der durchschnittliche Preis jeder Gütereinheit zwei Geldeinheiten. Diese Beziehung zwischen dem Geld- und dem Güterbereich ist in der Volkswirtschaftslehre als Quantitätsgleichung populär geworden. Nimmt man für das Handelsvolumen das reale Bruttoinlandsprodukt so lautet sie:

Quantitätsgleichung

Geldmenge
× *Umlaufgeschwindigkeit*
= *Preisniveau*
× *reales Bruttoinlandsprodukt*

Anhand der Darstellung lässt sich bereits die Grundproblematik der Geldpolitik erkennen. Deren zentrale Aufgabe
liegt in der Sicherung des Geldwertes, also der Kaufkraft-
stabilität. Inflation (= Rückgang der Kaufkraft) ist letztlich aber immer auf eine gemessen an der Güterproduktion zu starke Expansion der Geldseite zurückzuführen.
Entweder erhöht sich die Geldmenge zu stark oder die
Umlaufgeschwindigkeit nimmt zu oder es steigen beide
Größen. Ist umgekehrt die Ausweitung der Geldseite zu
gering, dann wird dies die reale Wirtschaftsentwicklung
einengen mit der Gefahr einer Deflation. Beides gilt es
zu vermeiden.

Warum ist Inflation schlecht?

Um zu beurteilen, wie schnell die Preise steigen, beobachten Volkswirte den Preisindex für die Lebenshaltung (Verbraucherpreisindex). Ausgangspunkt ist ein Warenkorb,
der die von privaten Haushalten typischerweise gekauften
Waren und Dienstleistungen enthält. Es gilt:

Verbraucherpreisindex

Preisindex für die Lebenshaltung
= *Preis des Warenkorbs in einem Jahr*
: *Preis des Warenkorbs im Basisjahr*
× *100*

Die prozentuale Veränderung dieses Indexes jeweils gegenüber dem Vorjahr bezeichnet die Inflationsrate.

> *Wenn der Index also in einem Jahr 109 und im Vorjahr 106 beträgt, dann ist die Inflationsrate*
> [(109 : 106 − 1] × 100 = 2,8 Prozent

Von Inflation spricht die Europäische Zentralbank, wenn der Preisindex für die Lebenshaltung um mehr als 2 Prozent pro Jahr zunimmt. Teuerungsraten von mehr als 10 Prozent werden als galoppierende Inflation bezeichnet, eine Hyperinflation beginnt bei 50 Prozent. In jedem Falle hat Inflation schädliche Wirkungen:

▸ Bei extremer Inflation wird das heimische Geld nicht mehr als Zahlungsmittel akzeptiert.

▸ Inflation verringert die internationale Konkurrenzfähigkeit eines Landes. Die Leistungsbilanz verschlechtert sich, wodurch die Beschäftigung negativ beeinflusst wird.

▸ Bei hoher Inflation ist nicht mehr erkennbar, welche Güter von den Nachfragern besonders gewünscht werden. Es kann sein, dass Unternehmen Überkapazitäten aufbauen. Nach der Eindämmung der Inflation kommt es dann oftmals zu einer „Stabilisierungskrise", die mit einem Abbau von Arbeitsplätzen verbunden ist.

▸ Inflation hat unerwünschte Verteilungswirkungen. Die Besitzer von Sachwerten werden bevorzugt (der Preis von Immobilien steigt mit der Inflation), Schuldner werden begünstigt (der reale Wert der Schulden sinkt), die Besitzer von Geldvermögen werden benachteiligt. Außerdem geraten Steuerzahler durch Inflation schnell in höhere Stufen des Steuertarifs. Man nennt das „kalte Progression".

Von Übel: Die Deflation

Das Gegenteil der Inflation ist die Deflation. Darunter versteht man das dauerhafte Absinken des Preisniveaus in einer Volkswirtschaft. Deflationsgefahr besteht vor allem in Rezessionszeiten, wenn die gesamtwirtschaftliche Nachfrage zurückgeht. Zu befürchten ist dann, dass sich die Verbraucher zurückhalten, nach dem Motto: Warum heute kaufen, wenn es morgen billiger zu haben ist. Die Folge sind Umsatzeinbußen, Firmenzusammenbrüche, steigende Arbeitslosigkeit. Der damit verbundene Einkommensrückgang schwächt wiederum die Nachfrage. Gleichzeitig sinken die Steuereinnahmen des Staates, während die Soziallasten (Arbeitslosengeld!) zunehmen. Typischerweise werden aufgrund von Kreditausfällen Banken negativ betroffen, sodass sich eine unheilvolle ökonomische Abwärtsentwicklung ergeben kann. Im kollektiven Gedächtnis wirkt heute noch die Weltwirtschaftskrise nach, in deren Verlauf Anfang der 1930er-Jahre das Preisniveau mit zweistelligen Raten fiel, während sich die Arbeitslosigkeit in Millionenschritten erhöhte. Japan hatte in den 1990er-Jahren und darüber hinaus mit deflationären Tendenzen zu kämpfen. In der „zweiten" Weltwirtschaftskrise stand Deutschland 2009 am Rande einer Deflation.

Auf den Punkt gebracht

Das Einkommen einer Nation wird hauptsächlich durch deren Wertschöpfung bestimmt. Der nicht für Konsumzwecke verwendete Teil davon bildet die Ersparnis, das heißt die Änderung des volkswirtschaftlichen Reinvermögens. Diese dient der Finanzierung inländischer Investitionen, also der Bildung von Sachvermögen im Inland. Der verbleibende Finanzierungssaldo entspricht der Änderung des Netto-Auslandsvermögens. In gleicher Höhe hat das Land netto Kapital exportiert (in Falle eines Finanzierungsüberschusses) bzw. netto Kapital importiert (in Falle eines Finanzierungsdefizits). Letztlich entscheidend für die Veränderung des Preisniveaus ist die Entwicklung der Geldmenge, multipliziert mit der Umlaufgeschwindigkeit des Geldes.

Preisbildung auf Märkten

Auf Märkten treffen Angebot und Nachfrage zusammen. In der Realität gibt es Millionen unterschiedlicher Märkte, die eng miteinander verbunden sind. Wir werden im Folgenden untersuchen, wie Märkte funktionieren.

Angebot und Nachfrage

Die mengenmäßige Nachfrage eines privaten Haushalts nach einem Gut steigt normalerweise mit sinkendem Preis dieses Gutes.

Grafisch gesehen verläuft die Nachfragekurve also von links oben nach rechts unten.

Das mengenmäßige Angebot eines Unternehmens an einem Gut steigt normalerweise mit steigendem Preis dieses Gutes.

Grafisch gesehen verläuft die Angebotskurve also von links unten nach rechts oben. Nimmt man die Nachfrage aller Haushalte nach einem bestimmten Gut und das Angebot aller Unternehmen an diesem Gut, so ergibt sich die Gesamtnachfrage- bzw. die Gesamtangebotskurve. Der Schnittpunkt beider Kurven markiert den Preis, der sich auf dem Markt bildet. Dieser Preis heißt Gleichgewichtspreis. Die zu diesem Preis gehandelte Menge stellt die Gleichgewichtsmenge dar. Im Marktgleichgewicht stimmen Angebot und Nachfrage überein. Man sagt: „Der Markt wird

geräumt." Im realen Wirtschaftsleben finden Käufe bzw.
Verkäufe indes auch zu Preisen ober- oder unterhalb des
Gleichgewichtspreises statt.

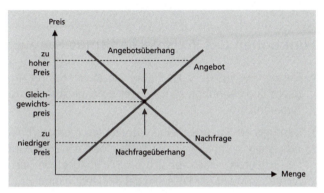

Das einfache Marktschema

Bei jedem Preis unterhalb des Gleichgewichtspreises
kommt es zu einem Nachfrageüberhang, infolge dessen
der Preis anzieht. Während dies die Nachfrage dämpft,
wird das Angebot angeregt. Bei jedem Preis oberhalb des
Gleichgewichtspreises entsteht ein Angebotsüberhang, der
den Preis sinken lässt. Dies regt die Nachfrage an, wohin-
gegen das Angebot zurückgeht. In beiden geschilderten
Fällen hält die Anpassung des Preises im Idealfall solange
an, bis sich Angebots- und Nachfragemenge im Gleichgewicht entsprechen.

Wenn indes der Staat durch die Verfügung von *Höchst-
preisen* (unterhalb des Gleichgewichtspreises) eingreift,
bleibt der Nachfrageüberhang bzw. die Angebotslücke bestehen (Beispiel: Mieterschutz). Umgekehrt resultieren aus

der Verfügung von *Mindestpreisen* (oberhalb des Gleichgewichtspreises) Angebotsüberschüsse (Beispiel: Europäi-
scher Agrarmarkt, Mindestlöhne). Im Falle von Mindestlöhnen heißt das mehr Arbeitslosigkeit.

Funktionen des Preismechanismus

▸ Die zentrale Funktion des Preises liegt darin, dass er Angebot und Nachfrage zum Ausgleich bringt (*Ausgleichsfunktion*).

▸ Der Preis erfüllt zudem eine wichtige *Informationsfunk-
tion*. Steigt beispielsweise die Nachfrage nach einem Gut
(im Schaubild verschiebt sich die Nachfragekurve nach
rechts), so steigt der Preis und das Angebot nimmt zu.

▸ Wenn bei steigendem Preis mehr produziert wird, benötigen die Unternehmen mehr von den entsprechenden
Produktionsfaktoren. Somit lenkt der Preis auch den be-
darfsgerechten Faktoreinsatz *Lenkungsfunktion*).

▸ Andererseits steuert der Preis auch die Nachfrage: Wird
zum Beispiel ein Rohstoff – etwa Öl – teurer (im Schaubild verschiebt sich die Angebotskurve nach oben), so
wird sich der Preis von Benzin erhöhen, was die Konsumenten zu einem sparsameren Verbrauch bewegt. Ein
ähnlicher Effekt ergibt sich, wenn der Staat sogenannte Verbrauchsteuern wie die Umsatzsteuer, Bier-, Tabak-
oder Mineralölsteuer erhöht.

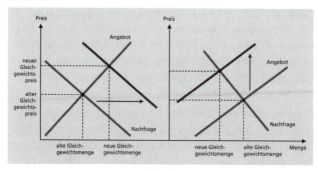

Wirkung einer Nachfragesteigerung/Wirkung einer Rohstoffverteuerung

Welche Marktformen gibt es?

Wir sind bisher davon ausgegangen, dass auf dem betrachteten Markt *vollständige Konkurrenz* herrscht.

Vollständige Konkurrenz

Darunter versteht man eine Marktform, bei der erstens viele kleine Anbieter vielen kleinen Nachfragern gegenüberstehen. Die Fachbezeichnung dafür ist Polypol. Zweitens ist der Markt annahmegemäß „vollkommen". Das heißt, die auf diesem Markt gehandelten Güter sind gleichartig (homogen), und die Nachfrager bzw. Anbieter haben auch sonst keinen Grund, einen Marktteilnehmer zu bevorzugen. Außerdem sind beide Seiten über alle Marktgegebenheiten informiert.

Auf einem solchen Markt gilt das „Gesetz der Unterschiedslosigkeit der Preise", nach dem es letztlich nur einen einheitlichen Preis für diese Güter geben kann, an den sich jedes Unternehmen anpassen muss.

Aufgrund der geschilderten optimalen Eigenschaften gilt die vollständige Konkurrenz als Leitbild einer freien Marktwirtschaft. Allerdings sind die hierfür notwendigen Bedingungen in der Realität selten gegeben. Zu den wenigen Beispielen gehören der Devisenhandel und der Wertpapierhandel an der Börse.

Die meisten anderen Märkte sind dadurch gekennzeichnet, dass die Unternehmen einen gewissen Preissetzungsspielraum haben. Das liegt v. a. daran, dass die angebotenen Produkte und Dienstleistungen fast nie völlig identisch sind.

Im Schaubild sind die Märkte nach der quantitativen Besetzung der Angebots- und Nachfrageseite eingeteilt.

Nachfrager / Anbieter	einer	wenige	viele
einer	bilaterales Monopol	beschränktes Monopol	Monopol
wenige	beschränktes Oligopol	bilaterales Oligopol	Oligopol
viele	Monopson	Oligopson	(bilaterales) Polypol

Marktformen

Heterogenes Polypol

Im Alltag haben wir es häufig mit Märkten zu tun, auf denen es relativ viele Unternehmen gibt, die ähnliche, aber nicht exakt dieselben Produkte anbieten. Vor allem auf den Konsumgütermärkten ist das oft der Fall. So erfüllt eine Jeans einer bestimmten Marke zwar den gleichen Zweck wie die Jeans anderer Hersteller; die Hosen unterscheiden sich indes hinsichtlich Design, Material, Markenimage unter Umständen erheb-

lich. Eine derartige Marktform, die durch viele Anbieter und Heterogenität der Produkte charakterisiert ist, wird als Polypol auf dem unvollkommenen Markt bezeichnet. Man spricht auch von einem „heterogenen Polypol" bzw. von „monopolistischer Konkurrenz".

Oligopol

Die vorherrschende Marktform in modernen Volkswirtschaften ist die des Oligopols, bei der nur wenige, relativ große Anbieter am Markt agieren. Sind die angebotenen Produkte im Urteil der Käufer praktisch identisch, spricht man von einem homogenen, sonst von einem heterogenen Oligopol.

Benzin und Automobile

Ein Beispiel für ein mehr oder weniger „vollkommenes" bzw. homogenes Oligopol ist der Benzinmarkt. Allerdings wird häufiger vermutet, die Ölkonzerne würden sich untereinander abstimmen oder sogar vertraglich absprechen, was in Deutschland prinzipiell verboten ist. Demgegenüber herrscht etwa in der Automobilbranche ein beinharter „Verdrängungswettbewerb", obwohl es sich hier um ein „unvollkommenes" bzw. heterogenes Oligopol handelt.

Monopol

Beim Monopol tritt nur ein marktbeherrschender Anbieter auf.

Typischerweise kann der Monopolist seinen Absatzpreis selbst bestimmen. Im Ergebnis werden die Nachfrager, verglichen mit anderen Marktformen, mehr bezahlen müssen. Zudem ermöglicht die Monopolstellung am ehesten die Chance, das gleiche Produkt an verschiedene Konsumenten zu unterschiedlichen Preisen zu verkaufen. Man spricht von *Preisdifferenzierung*. Welche Konsequenzen es haben kann, wenn der heilsame Druck des Wettbewerbs fehlt bzw. wenn umgekehrt eine vormalige Marktbeherrschung verloren geht, lässt sich etwa bei Strom, Post und Telefon, Flugreisen oder am Beispiel von Microsoft erkennen. Andererseits können große Unternehmen Massenproduktionsvorteile realisieren (und in Form niedriger Preise an die Konsumenten weitergeben).

Die Wirkungen von Höchst- und Mindestpreisen

Die staatliche Wirtschaftspolitik hält es oft für erforderlich, in die freie Preisbildung einzugreifen, sei es aus sozialen Gründen oder zur Förderung bestimmter Wirtschaftszweige. Wenn die Preisbildung nicht allein Angebot und Nachfrage überlassen bleibt, spricht man allgemein von *administrativen Preisen*.

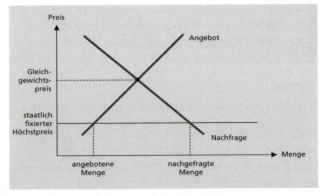

Auswirkungen eines Höchstpreises

Wir gehen bei den folgenden Überlegungen wieder von der Marktform der vollständigen Konkurrenz aus. Erscheint dem Staat der Marktpreis eines Gutes zu hoch, setzt er einen *Höchstpreis* unterhalb des Marktpreises fest. In Deutschland ist eine Art Höchstpreispolitik beispielsweise im Rahmen des „Mieterschutzes" zu beobachten. In sozialistisch orientierten Staaten und auch in Deutschland kurz nach dem Krieg wurden Höchstpreise für lebenswichtige Güter gesetzt. Die Folge davon war und ist immer, dass die Nachfrage das Angebot übersteigt. Denn der niedrige Preis demotiviert die Anbieter, während die Nachfrage zunimmt. Am Beispiel der Mietwohnungen kann man also sagen, dass dadurch eine künstliche Wohnungsknappheit erzeugt wird. Die knappen Güter müssen dann, da der Preis seine Ausgleichsfunktion verliert, irgendwie anders zugeteilt werden. Typische Erscheinungsformen sind Warteschlangen, Bezugsscheine sowie sogenannte graue bzw. schwarze Märkte, an denen (illegal) viel höhere Preise gezahlt werden. Auf den offiziellen Märkten kommt es zu einem „zurückgestauten Preisanstieg". Bei einer späteren Freigabe der Preise schießen diese entsprechend in die Höhe.

Mindestpreise gelten beispielsweise auf dem europäischen Agrarmarkt, um den Landwirten ein gewisses Einkommen zu sichern. Da die staatlich garantierten Preise über dem Marktpreis liegen, führen sie zu Angebotsüberschüssen bei den betreffenden Produkten, die von der EU aufgekauft werden müssen. Die Kosten dafür sowie für die Lagerung oder Vernichtung der entstehenden Butterberge, Weinseen und Obsthalden im Ausmaß von Millionen von Tonnen trägt der Steuerzahler. Ein Teil der produzierten

Waren wird zu Weltmarktpreisen oder darunter ins Ausland verkauft, wobei den Landwirten die Differenz zum Mindestpreis über Exportsubventionen erstattet wird. Und damit ausländische Anbieter – beispielsweise aus Entwicklungsländern – nicht mit billigen Produkten auf den heimischen Markt drängen, werden Importe mit Zöllen belegt. Die negativen ökonomischen und sozialen Folgen des staatlichen Markteingriffs sind offensichtlich. Eine Form von Mindestpreisen bilden übrigens auch die zwischen Gewerkschaften und Arbeitgebern vereinbarten Tariflöhne, sofern sie – und dies ist etwa bei Geringqualifizierten wohl häufig der Fall – über den Löhnen liegen, die marktmäßig zustande kommen würden.

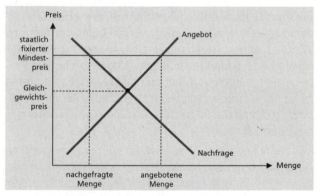

Auswirkungen eines Mindestpreises

Was geschieht auf den Finanzmärkten?

Die Vorgänge auf den Finanzmärkten gelten gemeinhin als komplex und schwer durchschaubar. Auf Finanzmärkten werden finanzielle Mittel von den Kapitalanbietern (Sparern) zu den Kapitalnachfragern (Investoren) transportiert. Die Kapitalvermittlung geschieht dabei durch „Finanzintermediäre" – das sind u. a. Banken, Versicherungen, Bausparkassen und Fondsgesellschaften.

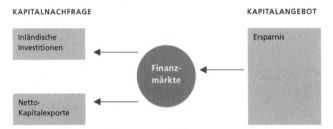

KAPITALNACHFRAGE　　　　　　　　　　**KAPITALANGEBOT**

Kapitalvermittlung auf Finanzmärkten

Der Teil der Ersparnis, der nicht der Finanzierung inländischer Investitionen dient, fließt als Netto-Kapitalexporte (Kapitalexporte minus Kapitalimporte) ins Ausland. Entsprechend unterscheidet man nationale und internationale Finanzmärkte. Üblich ist des Weiteren eine Unterscheidung nach der Fristigkeit der Finanzmittel und der Art der Wertpapiere bzw. Kreditbeziehungen.

MÄRKTE FÜR KURZ- UND MITTELFRISTIGE KREDITE		MÄRKTE FÜR LANGFRISTIGE KREDITE				
Geldmärkte	Märkte für Bankkredite und -einlagen	Kapitalmärkte				Märkte für Hypothekendarlehen
		Anleihen	Aktien	Investmentfonds		

Einteilung der Finanzmärkte

▸ Auf dem *Geldmarkt* finden Kreditgeschäfte zwischen
der Europäischen Zentralbank und den Geschäftsbanken sowie zwischen den Geschäftsbanken untereinander statt. Außerdem werden dort Geldmarktpapiere von
großen Unternehmen und dem Staat emittiert (also erst-
malig ausgegeben) und gehandelt.

▸ Die Märkte für *Bankkredite und -einlagen* umfassen die
normalen Kreditbeziehungen zwischen Geschäftsbanken und deren Kunden.

▸ Zum Markt für langfristige Kredite (Laufzeit mehr als vier
Jahre) gehören zum einen die *Kapitalmärkte*. An ihnen
werden Aktien, Anleihen und Fondsanteile gehandelt.

▸ Hinzu kommen die *Märkte für Hypothekendarlehen*.

Auf den Finanzmärkten bilden sich – als Ergebnis von Kapitalangebot und Kapitalnachfrage – die Zinssätze und
(gegenläufig) die Wertpapierkurse. Neben betriebswirt-
schaftlichen Aspekten spielen für die Entwicklung des
Kapitalangebots und der Kapitalnachfrage gesamtwirtschaftliche Einflüsse eine bedeutende Rolle. Hierzu zählt
beispielsweise die Konjunktur: im Aufschwung nimmt die
Kapitalnachfrage zu und die Zinsen steigen. Weitere Faktoren sind die Inflationsrate, die Fiskal- und die Geldpolitik
sowie Impulse aus dem Ausland. Aus den naturgemäß stän-
digen Veränderungen der gesamtwirtschaftlichen Daten resultieren deshalb zwangsläufig mehr oder weniger starke
Schwankungen der Finanzmarktpreise (Zinsen und Kurse).
Finanzkrisen sind typischerweise durch einen Rückgang des
Kapitalangebots, das heißt eine Verschiebung der Kapi-
talangebotskurve nach links, gekennzeichnet. Von einem
dadurch verursachten markanten Anstieg der Zinssätze

oder einem Einbruch der Wertpapier-, insbesondere der Aktienkurse können erhebliche negative Wirkungen auf die Realwirtschaft ausgehen. Dies war unter anderem bei der im Jahr 2000 „geplatzten" New-Economy-Blase, der Subprime-Krise 2008/09 und der EWU-Staatsschuldenkrise ab 2010 gut beobachtbar.

Auf den Punkt gebracht

Die Preise einzelner Güter, aber auch die Preise für die zeitliche Überlassung von Kapital – die Zinsen bzw. Wertpapierkurse –, ergeben sich aus dem Zusammenspiel von Angebot und Nachfrage des jeweiligen Gutes bzw. Finanzaktivums. Staatliche Eingriffe in die freie Preisbildung bergen die Gefahr negativer ökonomischer und sozialer Effekte.

Konjunktur und Beschäftigung

Von der Konjunkturentwicklung hängt Vieles ab: die Unternehmensgewinne, die Löhne und Gehälter, die Steuereinnahmen des Staates und das Beitragsaufkommen der Sozialversicherungen. Auch die Zinsen und Wertpapierkurse schwanken mit der Wirtschaftsaktivität. Nicht zuletzt beeinflusst die Konjunktur die Beschäftigungslage.

Das Phänomen der Konjunktur

Typischerweise steigt die gesamtwirtschaftliche Produktion von Waren und Diensten in einem Land der Tendenz nach an. Dadurch erhöht sich der durchschnittliche Lebensstandard der Bevölkerung. Allerdings verläuft diese Zunahme nicht gleichmäßig. Um den Trend sind Veränderungen des Wirtschaftswachstums und Schwankungen im Auslastungsgrad des gesamtwirtschaftlichen Produktionspotenzials zu beobachten, die mit einer gewissen Regelmäßigkeit eintreten. Solche Wachstumsschwankungen bezeichnen wir als Konjunkturschwankungen bzw. *Konjunkturzyklen*.

Konjunktur

Konjunkturschwankungen sind Veränderungen des realen Wirtschaftswachstums, verbunden mit Schwankungen im Auslastungsgrad des gesamtwirtschaftlichen Produktionspotenzials.

Gesamtwirtschaftliches Produktionspotenzial

Darunter versteht man das mit den vorhandenen Produktionsfaktoren maximal realisierbare Produktionsvolumen.

Obwohl kein Konjunkturzyklus dem anderen gleicht, lässt sich doch ein Grundmuster des Konjunkturverlaufs feststellen. Demnach umfasst ein Konjunkturzyklus vier Phasen.

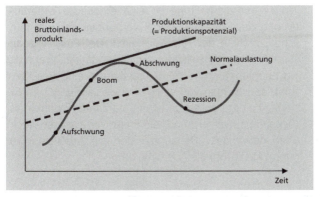

Der Konjunkturzyklus

▸ Im *Aufschwung* kommt es zu einer Zunahme des Bruttoinlandsprodukts, der Umsätze, Gewinne und Arbeitseinkommen. Die Aktienkurse steigen, und die Produktionskapazität wird mehr und mehr ausgeschöpft.

▸ Die *Hochkonjunktur (Boom)* ist dadurch gekennzeichnet, dass die Produktionskapazität der Volkswirtschaft ausgelastet ist. Aufgrund der inflatorischen Tendenzen und weil die Kreditnachfrage für Investitionszwecke steigt, bewegen sich die Zinsen nach oben.

▸ Im *Abschwung* setzt ein sich allmählich verstärkender Rückgang der wirtschaftlichen Aktivität ein, dem oft ein Nachgeben der Börsenkurse vorausgeht. Das Bruttoinlandsprodukt wächst langsamer und die Beschäftigung

geht zurück. Die Kapazitätsauslastung sinkt und der In-
flationsdruck lässt nach.

▶ Der Abschwung mündet eventuell in eine *Rezession*.
Typisch für diese Phase ist eine erhebliche Unterauslastung der Kapazität. Damit verbunden ist eine deut-
liche Zunahme der Arbeitslosigkeit. Der Preisniveauan-
stieg kommt zum Stillstand, die Zinsen sinken. Wenn der
Hochkonjunktur und dem Abschwung eine Rezession
folgt, spricht man von einer „harten Landung". Im Ex-
tremfall einer *Depression* ist ein markanter Produktions-
rückgang zu verzeichnen, die Preise verfallen regelrecht
(man nennt das „Deflation") und die Arbeitslosigkeit
nimmt katastrophale Ausmaße an.

Warum schwankt die Wirtschaft?

Schwankungen der Wirtschaftsaktivität sind schon in vor-
industriellen Zeiten beobachtet worden. Damals, als die
volkswirtschaftliche Produktion noch zum größten Teil aus
landwirtschaftlichen Gütern bestand, machte man Ernte-
schwankungen dafür verantwortlich.

Als Ausgangsbasis für die Erklärung konjektureller
Schwankungen wird heute das Modell der gesamtwirtschaftlichen Nachfrage und des gesamtwirtschaftlichen
Angebots verwendet. Konjunkturschwankungen können
von der Nachfrageseite oder von der Angebotsseite ausgelöst werden.

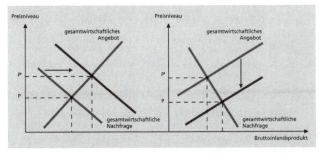

Nachfragebedingter Aufschwung/angebotsbedingter Aufschwung

Steigt die Nachfrage (Nachfragekurve verschiebt sich nach rechts bzw. oben), so kommt es zu einem nachfragebedingten Aufschwung. Daraufhin erhöhen sich das reale Bruttoinlandsprodukt und das Preisniveau. Das Umgekehrte gilt für einen Abschwung. Ein Konjunkturaufschwung oder -abschwung kann sich aber auch von der Angebotsseite her einstellen. Eine Verschiebung der Angebotskurve nach rechts bzw. unten – ausgelöst etwa durch einen Rückgang der Rohstoffpreise – führt zu einem Aufschwung. In dessen Verlauf steigt das reale Bruttoinlandsprodukt, während das Preisniveau sinkt. Das Umgekehrte gilt für einen Abschwung.

Betrachtet man die Einflussfaktoren, die auf die Nachfrage- und Angebotskurve einer Volkswirtschaft einwirken, so ergibt sich nachstehende Übersicht. Dabei werden expansive (in Richtung eines Aufschwungs wirkende) sowie kontraktive (in Richtung eines Abschwungs wirkende) Konjunkturimpulse unterschieden.

Einfluss-faktoren	expansiv	kontraktiv
nachfrage-seitig	Staatsausgabenerhöhung oder Steuersenkung	Staatsausgabensenkung oder Steuererhöhung
	Geldmengenausweitung bzw. Zinssenkung	Geldmengenverknappung bzw. Zinsanhebung
	Abwertung der heimischen Währung	Aufwertung der heimischen Währung
	Bevölkerungszunahme Anstieg der Konsumquote	Bevölkerungsabnahme Rückgang der Konsumquote
	Anstieg der Aktienkurse	Rückgang der Aktienkurse
angebots-seitig	Lohnsenkung bzw. -zurückhaltung	Lohnerhöhung bzw. aggressive Lohnpolitik
	Rückgang der Rohstoffpreise	Erhöhung der Rohstoffpreise
	technischer Fortschritt	technologischer Stillstand
	Unternehmensneugründungen	Konkurse und Abwanderung von Unternehmen

Einflussfaktoren der Konjunkturentwicklung

Beispielsweise ist eine expansive Fiskalpolitik mit einer Zunahme der staatlichen Nachfrage (Staatsausgabenerhöhung) oder der privaten Nachfrage (infolge von Steuersenkungen) verbunden. Eine expansive Geldpolitik wirkt unter anderem über steigende private Investitionen. Die Abwertung einer Währung verbessert für sich alleine genommen die internationale Wettbewerbsfähigkeit eines Landes, wodurch die Exportnachfrage zunimmt. Steigende Bevölkerungszahlen sind mit einer Erhöhung der privaten Nachfrage verbunden. Einen ähnlichen Effekt hat ein Anstieg der Konsumquote, das heißt des für Konsumzwecke verausgabten Anteils am Volkseinkommen. Auch Kursgewinne an der Börse wirken sich positiv auf den privaten Konsum aus, weil das Vermögen der Aktienbesitzer steigt. Eine umgekehrte Entwicklung der genannten Faktoren führt zu kontraktiven Impulsen auf die gesamtwirtschaftliche Nachfrage.

Das gesamtwirtschaftliche Angebot wird durch eine zurückhaltende Lohnpolitik expansiv beeinflusst, da die Produktionskosten sinken. Ebenso wirkt sich ein Rückgang der Rohstoffpreise aus. Darüber hinaus sind der technische Fortschritt wie auch etwaige Unternehmensneugründungen mit einem Zuwachs des Güterangebots verbunden. Entsprechend ergeben sich bei umgekehrter Entwicklung kontraktive Einflüsse auf das Angebot.

Der Einkommensmultiplikator

Die Entwicklung einer Volkswirtschaft wird kurzfristig hauptsächlich durch Veränderungen der Nachfrageseite bestimmt. Wenn etwa der Staat eine Investitionsausgabe tätigt, so steigen die gesamtwirtschaftliche Nachfrage sowie die Produktion der Unternehmen, die diese Investitionsgüter herstellen. Gleichzeitig erhöht sich das Einkommen der in der Produktion beschäftigten Menschen. Diese werden einen Teil des verdienten Einkommens sparen, den überwiegenden Teil aber typischerweise für Konsumzwecke verwenden. Dadurch erhöht sich die Nachfrage erneut, und in den betroffenen Bereichen der Konsumgüterbranche kommt es zu einem Anstieg der Produktion. Das dabei entstehende Einkommen wird wiederum für Konsumzwecke verausgabt, was die Nachfrage weiter expandieren lässt. Die Veränderung einer Komponente der gesamtwirtschaftlichen Nachfrage führt auf diese Weise zu einer Änderung des realen Bruttoinlandsprodukts und Volkseinkommens um ein Mehrfaches der ursprünglichen Nachfrageänderung.

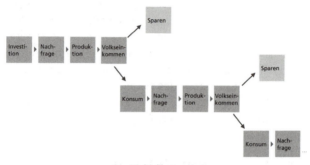

Das Multiplikatorprinzip

Die Größe des Multiplikators, also der Nachfrageeffekt insgesamt, hängt von der gesamtwirtschaftlichen Konsumquote ab. Das ist der Anteil des Einkommens, der für Konsumzwecke verausgabt wird. Je höher die Konsumquote ist, desto größer ist die Einkommenswirkung. Allerdings entsteht die beschriebene Wirkung nur dann, wenn die Nachfrageänderung dauerhaft ist. Im Beispiel müsst also der Staat jedes Jahr erneut in der gleichen Größenordnung investieren. Andernfalls würde sich ja das Investitionsvolumen reduzieren und das Volkseinkommen würde – wiederum multiplikativ – zurückgehen.

Kann man die Konjunktur vorhersagen?

Es gibt bestimmte Kennzahlen, die – ähnlich wie ein Barometer durch Anzeige von Luftdruckänderungen künftige Wetterveränderung anzeigt – zur Prognose kurzfristiger Konjunkturschwankungen dienen. Man spricht von „Frühindikatoren".

▸ Hierzu zählt die *Reichweite der Auftragsbestände*: Darunter versteht man die Zahl der Monate, für die bei den Unternehmen Aufträge vorhanden sind.

▸ Große Bedeutung wird dem vom ifo-Institut für Wirtschaftsforschung, München, ermittelten *Geschäftsklimaindex* beigemessen: Dabei werden ca. 200.000 Unternehmen gefragt, wie sie die gegenwärtige Geschäftslage beurteilen und welche Erwartungen sie für die nächsten sechs Monate haben.

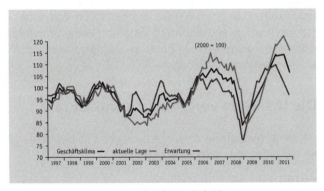

Entwicklung des ifo-Geschäftsklimas

▸ Eine weitere, viel beachtete Messgröße zur Früherkennung der zukünftigen Wirtschaftsentwicklung ist der *Konjunkturerwartungsindex* des Zentrums für Europäische Wirtschaftsforschung (ZEW) in Mannheim: Er beruht auf einer monatlichen Umfrage unter bis zu 350 deutschen Finanzmarktexperten.

▶ Recht bekannt sind des Weiteren der F.*A.Z.-Konjunkturindikator* und der *DZ-Bank-Euro-Indikator* sowie der *Einkaufsmanagerindex* für die Industrie im Euroraum.

Zur Prognose der längerfristigen Konjunkturentwicklung (ein Jahr und mehr) verwenden die Wirtschaftsforschungsinstitute, aber auch die großen Banken, umfassende „Makromodelle". Dabei werden zunächst bestimmte Aussagen über das weltwirtschaftliche Umfeld getroffen, etwa über das Wachstum des Welthandels, die Wechselkurse und die Rohölpreise. Ebenso geht man von bestimmten Entwicklungen im Bereich der Geld-, Finanz- oder Lohnpolitik aus. Daraufhin werden die einzelnen Komponenten des Bruttoinlandsprodukts geschätzt, wobei empirisch getestete Funktionen, wie Konsum- oder Investitionsfunktionen, verwendet werden.

Die Ursachen von Arbeitslosigkeit ...

Offizielle Messgröße der Arbeitslosigkeit in Deutschland ist die registrierte Arbeitslosenquote.

Registrierte Arbeitslosenquote
Sie misst die Zahl der beim Arbeitsamt registrierten Arbeitslosen in Prozent alle zivilen Erwerbspersonen.

Daneben gibt es „verdeckte" Arbeitslose – auch als „stille Reserve" bezeichnet.

Stille Reserve

Darunter fallen die Teilnehmer an staatlich subventionierten Arbeitsbeschaffungs- und Umschulungsprogrammen sowie Personen im vorzeitigen Ruhestand, aber auch Menschen, die resigniert haben oder sich aus anderen Gründen nicht arbeitslos melden.

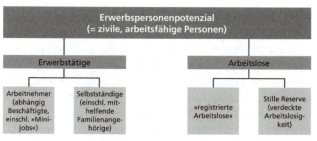

Kenngrößen des Arbeitsmarktes

Bei der Suche nach den Ursachen für das Entstehen von Arbeitslosigkeit, stößt man auf verschiedene Erklärungsansätze: Nach Ansicht der Klassiker bzw. Neoklassiker ist Arbeitslosigkeit die Folge zu hoher Reallöhne. Gemessen an den erzielbaren Absatzpreisen und der gegebenen Arbeitsproduktivität (= Produktion pro Arbeitsstunde) verlangen die Arbeitnehmer zu hohe Nominallöhne. Deshalb rentiert sich die Güterproduktion und damit die Beschäftigung von Arbeitskräften für die Unternehmer nicht. Diese Form der Unterbeschäftigung wird als *klassische* oder *strukturelle Arbeitslosigkeit* im weitesten Sinne bezeichnet.

Die klassische Arbeitslosigkeit umfasst zum einen die „unfreiwillige" Arbeitslosigkeit: Dazu kommt es, wenn der verlangte Lohn über dem Gleichgewichtslohn liegt, der sich am Arbeitsmarkt aus dem Angebot an und der Nachfrage nach Arbeitsleistungen herausbilden würde. Verantwortlich dafür können tariflohnbedingte Mindestlöhne sein oder institutionelle Regelungen etwa im Bereich der sozialen Absicherung (Beispiel Mutterschutz, Lohnfortzahlung im Krankheitsfall).

Beim Gleichgewichtslohn herrscht dagegen nach klassischer Auffassung stets Vollbeschäftigung, was bedeutet, dass alle zu diesem Lohnsatz Arbeitswilligen einen Arbeitsplatz finden. Das bedeutet indes nicht, dass es hier gar keine Arbeitslosigkeit gäbe. Die beim Gleichgewichtslohn nicht Beschäftigten gelten aber als „natürliche" bzw. „freiwillige" Arbeitslose. Gründe dafür können unter anderem in einem Arbeitskräfte sparenden technischen Fortschritt, im sektoralen Strukturwandel oder fehlender Qualifikation der Arbeitskräfte liegen.

Anders als die beschriebene strukturelle Arbeitslosigkeit bildet *keynesianische* bzw. *konjunkturelle* Arbeitslosigkeit die Reaktion auf einen Rückgang der gesamtwirtschaftlichen Güternachfrage. Auch bei sinkenden Löhnen stellen die Unternehmen keine Leute ein, da diese infolge fehlender Aufträge keine Arbeit hätten.

Eine weitere, weniger problematische Form der Arbeitslosigkeit ist die *friktionelle Arbeitslosigkeit*, die auch als „Sucharbeitslosigkeit" bezeichnet wird. Sie tritt kurzfristig zwischen dem Ende einer alten und dem Beginn eines neuen Beschäftigungsverhältnisses auf. *Saisonale Arbeitslosigkeit* ergibt sich aus jahreszeitlichen Schwankungen (insbesondere in der Bau-, Land- und Forstwirtschaft und im Touristikgewerbe). Eine ursachengerechte Bekämpfung ist hier schlecht möglich.

Formen der Arbeitslosigkeit

... und die Gegenmaßnahmen

Die Vorschläge zur Bekämpfung der Arbeitslosigkeit lassen sich in Maßnahmen der Angebots- und der Nachfragepolitik einteilen.

Die Forderungen der angebotsorientierten Ökonomen lauten:

▸ Kürzung des Arbeitslosengeldes (dies senkt den „Anspruchslohn" der Bevölkerung und lässt Erwerbstätigkeit früher lohnenswert erscheinen), Lohnzurückhaltung, Lohndifferenzierung (nach Qualifikationen, Sektoren und Regionen), Verschärfung der Zumutbarkeitsregeln für den Antritt einer neuen Stelle. Der Sachverständigenrat zur Begutachtung der gesamtwirtschaftlichen Entwicklung („Fünf Weise") hat eine Regel für Lohnerhöhungen aufgestellt, die sich an den Lohnstückkosten orientiert (produktivitätsorientierte Lohnpolitik).

Lohnstückkosten

= *Lohnkosten pro Stunde*
: *Produktion pro Stunde (= Arbeitsproduktivität)*

Die Lohnstückkosten bilden für eine Unternehmung die Untergrenze seiner Preissetzung. Gehen die Lohnsteigerungen über den Produktivitätsfortschritt hinaus, so ist dies nur durch Preisanhebungen oder den Abbau von Arbeitsplätzen (zur Steigerung der Produktivität) abzufangen. Das heißt, der Produktivitätsfortschritt und der Preisüberwälzungsspielraum der Unternehmen bilden die Schranke für die Erhöhung der Nominallöhne.

Produktivitätsorientierte Lohnpolitik

Erhöhung der Nominallöhne
≤ Produktivitätsfortschritt
+ Anstieg der Absatzpreise

Regel für Lohnerhöhungen

Wird diese Schranke überschritten, stellt sich Arbeitslosigkeit ein. Wenn also beispielsweise die Produktivität um 2 Prozent zunimmt und eine Inflationsrate von 2 Prozent erwartet wird, dann beträgt der maximal erlaubte Lohnanstieg 4 Prozent.

▸ Um Geringqualifizierte oder Ältere in Beschäftigung zu bringen, wird teilweise die Einführung von „Kombilöhnen" erwogen, bei denen der Staat den niedrigen Verdienst eines Arbeitnehmers aufstockt. Allerdings sind hier „Mitnahmeeffekte" durch Unternehmen zu befürchten, die eventuell reguläre Arbeitsplätze in subventionierte Stellen umwandeln. Im Übrigen gibt es Kombilöhne in Deutschland bereits in Form der Aufstockung auf das Niveau des Hartz IV-Satzes.

▶ Angebotsorientierte Ökonomen plädieren des Weiteren für einen Abbau des Kündigungsschutzes (er wirkt als Einstellungsbremse) und verstärkte Einführung von befristeten sowie Teilzeit-Arbeitsverträgen. Gefordert wird auch die Einschränkung der Mitbestimmung.

▶ Ein gravierendes Beschäftigungshemmnis bildet aus angebotspolitischer Sicht die Höhe der Steuer- und Abgabenlast, die wesentlich zur Ausbreitung der Schwarzarbeit beigetragen hat. Der in der „Schattenwirtschaft" erzeugte Umsatz wird in Deutschland auf 380 Milliarden Euro geschätzt, das sind ungefähr 16 Prozent des offiziellen Bruttoinlandsprodukts.

Auch die Forderungen der *nachfrageorientierten Ökonomen* (v. a. Gewerkschaften) liegen auf dem Tisch:

▶ Sie umfassen zu allererst eine „Ankurbelung" der Nachfrage nach keynesianischem Muster – beispielsweise durch eine Ausweitung der Staatsausgaben, aber auch durch Lohnanhebungen, Rentenerhöhungen etc.

▶ Nachfrageorientierte Ökonomen sprechen sich zudem für die Einführung bzw. Ausweitung von Mindestlöhnen aus. In einer Marktwirtschaft führen Mindestlöhne, die ja definitionsgemäß über dem Gleichgewichtslohn liegen (siehe vorne), zwangsläufig zu einer geringeren Nachfrage nach Arbeitsleistungen durch die Unternehmen. Gerade die Beschäftigungschancen Geringqualifizierter (mit niedriger Produktivität) verschlechtern sich dadurch. Weitgehend Konsens besteht gleichwohl darin, „sittenwidrig" geringe Löhne zu verbieten.

▸ Gewerkschaften setzten früher bisweilen darauf, die Arbeit durch Arbeitszeitverkürzung gerechter zu verteilen. Dieser Vorschlag beruht einerseits auf der falschen Annahme, dass es eine begrenzte Menge an Arbeit gebe. Zum anderen kann das Konzept – dies zeigen die Überlegungen zu den Lohnstückkosten oben – nicht funktionieren, wenn die Reduzierung der Arbeitszeit nicht von einer entsprechenden Absenkung der Arbeitskosten begleitet wird.

▸ Was die *Lebensarbeitszeit* angeht, ist eine Verlängerung ohnehin unvermeidlich. Dies ergibt sich aus der demografischen Entwicklung in Deutschland (wie auch in anderen Ländern). Viele Menschen, vor allem wenn sie einen interessanten Beruf haben, sehen das indes durchaus positiv.

Auf den Punkt gebracht

Die Höhe des realen Bruttoinlandsprodukts ergibt sich aus dem Zusammenspiel von gesamtwirtschaftlichem Angebot und gesamtwirtschaftlicher Nachfrage. Veränderungen der Nachfrage oder des Angebots führen zu Konjunkturschwankungen, die mit Beschäftigungsschwankungen verbunden sind. Die Entstehung von Arbeitslosigkeit hat aber darüber hinaus noch andere, insbesondere strukturelle, Ursachen.

Lehrmeinungen der Wirtschafts-politik

Darüber, wie und ob überhaupt das volkswirtschaftliche Geschehen durch die Wirtschaftspolitik beeinflusst werden soll, gibt es unterschiedliche Ansichten. Sie lassen sich im Kern zwei „Lagern" zuordnen: dem der klassisch bzw. monetaristisch geprägten Angebotsökonomik und dem der keynesianisch geprägten Nachfrageökonomik. Im Folgenden werden diese Konzepte in historischer Reihenfolge vorgestellt.

Das System der Klassik

Als Begründer der klassischen Nationalökonomie gilt der Schotte Adam Smith (1723–1790). Er hielt die freie kapitalistische Marktwirtschaft für das effizienteste Wirtschaftssystem und vertrat den sogenannten „Laissez-faire"-Standpunkt. Danach soll sich der Staat aus dem Wirtschaftsgeschehen heraushalten und lediglich drei Aufgaben erfüllen: Erstens das Land gegen Angriffe von außen schützen. Zweitens im Inneren für Recht und Ordnung sorgen. Und drittens bestimmte Leistungen anbieten, die von Privaten nicht angeboten werden, weil dafür keine kostendeckenden Preise zu erzielen sind (sogenannte „öffentliche Güter"). Die Skeptiker dieses liberalen Ansatzes sprechen deshalb gerne (und wohl zu Unrecht) vom „Nachtwächterstaat".

Das von Smith und weiteren Vertretern (David Ricardo, John Stuart Mill, Jean Baptiste Say u. a.) entwickelte System der Klassik geht davon aus, dass es keine dauerhafte Arbeitslosigkeit geben kann. Es beruht letztlich auf zwei Säulen: Die erste Säule hat als Lehrsatz vom allgemeinen Gleichgewicht bzw. als *Saysches Theorem* Bekanntheit erlangt. Es besagt, dass sich jedes Angebot seine eigene Nachfrage schafft.

Das Saysche Theorem

Die Überlegung basiert auf dem einfachen Wirtschaftskreislauf. Demnach entspricht jeder Produktion ein in gleicher Höhe geschaffenes Einkommen in Form von Löhnen, Gewinn, etc. Das heißt, mit den Gütern entsteht stets auch das Einkommen, das für ihren Kauf erforderlich ist. Auch wenn ein Teil des Einkommens gespart wird, führt dies nach klassischer Ansicht zu keinem Nachfrageausfall. Denn die Ersparnis werde auf den Kreditmärkten angeboten und von den Unternehmen zur Finanzierung von Investitionen verwendet. Hierfür sorgt die zweite Säule der klassischen Ökonomie: die *völlige Flexibilität* der Zinsen sowie der Preise und Löhne. Wenn trotz höherer Ersparnis und entsprechend steigendem Kreditangebot die Zinsen nicht sinken sollten, so geht die gesamtwirtschaftliche Nachfrage zwar zunächst zurück. Nach der klassischen Theorie sinken jetzt aber aufgrund der entstehenden Arbeitslosigkeit die Löhne, wodurch sich die Produktion verbilligt. Bei rückläufigen Preisen nimmt daraufhin die

Nachfrage zu und die Unternehmen stellen Arbeitskräfte ein, bis wieder Vollbeschäftigung herrscht.

Die bisherigen Betrachtungen lassen erkennen, dass die Klassiker in Bezug auf die Rolle des Geldes eine aus heutiger Sicht naiv anmutende Ansicht vertraten. Sie gingen zum einen offensichtlich davon aus, dass Geld letztlich immer vollständig für *Transaktionszwecke* – also Güterkäufe – ausgegeben wird. Zum anderen hielten sie Geld für „neutral". Eine Ausweitung oder Drosselung der Geldmenge führte nach ihrer Überzeugung lediglich zu einem Steigen oder Sinken des Preisniveaus: Geld liegt demnach „wie ein Schleier" über den realen Transaktionen und hat keinen Einfluss auf den Güterbereich. Das ist die Aussage der *klassischen Quantitätstheorie.*

Der Keynesianismus

In der ersten Weltwirtschaftskrise (mittlerweile haben wir ja eine zweite erlebt), die im Oktober 1929 einsetzte und ca. 4 Jahre andauerte, schrumpfte die globale Produktion drastisch und es kam zu einer bis dahin noch nie erlebten Massenarbeitslosigkeit. Die führenden (klassischen) Ökonomen rieten den Regierungen, abzuwarten und bei den öffentlichen Ausgaben zu sparen. Der britische Nationalökonom John Maynard Keynes (1883–1946) indes forderte genau das Gegenteil. Er empfahl der britischen Regierung, sich auf dem Kapitalmarkt Geld zu leihen und damit Aufträge an die Industrie zu finanzieren. Die aufgenommenen Kredite könne man in der darauf folgenden Boomphase, wenn bei hoher Beschäftigung die Steuern reichlicher fließen, wieder zurückzahlen. Dieses Konzept wird als *Deficit Spending* bezeichnet.

Deficit Spending

= *Ausweitung der Staatsausgaben durch Kreditaufnahme*

Keynes stellt die Grundpfeiler des klassischen Systems infrage: Das Saysche Theorem könne schon deshalb nicht funktionieren, da die Leute Geld nicht nur halten, um damit Güter zu kaufen oder Wertpapiere zu erwerben (deren Gegenwert dann als Kredit den Investoren zufließt), sondern in Form einer sogenannten Spekulationskasse. Wenn die Menschen nämlich damit rechnen, dass die Wertpapierrenditen steigen, so warten sie mit der Geldanlage. Durch dieses „Horten" von Geld kommt es zu einem effektiven Nachfrageausfall. Erschwerend tritt hinzu, dass die Löhne nach unten nicht flexibel sind, sondern starr. Alles in allem besteht deshalb die Gefahr eines Unterbeschäftigungsgleichgewichts, aus dem sich die private Wirtschaft alleine nicht befreien kann. Dem Staat fällt die Aufgabe zu, durch eine expansive Politik die fehlende gesamtwirtschaftliche Nachfrage zu erzeugen und damit einen multiplikativen Aufschwung in Gang zu setzen.

Diese keynesianische Globalsteuerung fand im deutschen „Stabilitätsgesetz" von 1967 ihren Niederschlag. Es bildet die Grundlage dafür, dass der Staat von Fall zu Fall (diskretionär) in den Wirtschaftsablauf eingreift. Als Mittel der Stabilisierungspolitik kommen insbesondere fiskalpolitische Maßnahmen – also die Variation von Steuern bzw. Staatsausgaben – infrage. Auch die Geldpolitik kann nach keynesianischer Vorstellung zum Zwecke der Konjunktursteuerung eingesetzt werden. Ihre Durchschlagskraft wird aber bezweifelt. Wenn nämlich ein seitens der Zentralbank erhöhtes Geldangebot gehortet wird, kommt es zu keiner Zinssenkung (aufgrund der hohen Nachfrage nach Spekulationskasse) und damit auch zu keiner Investitionszunahme. Diese Situation wird als *Liquiditätsfalle* bezeichnet. Daneben werden die Unternehmen auch bei sinkenden Zinsen nicht investieren, wenn sie pessimistische Erwartungen hinsichtlich der zu erzielenden Gewinne hegen (sogenannte *Investitionsfalle*).

Der Monetarismus

In den 1960er-Jahren feierte der Keynesianismus glanzvolle Erfolge. Es war die Zeit, in der viele glaubten, man könne die Wirtschaft nach Belieben „ankurbeln" oder „bremsen". In den 1970er-Jahren verstärkten sich allerdings die Zweifel an einer derartigen Machbarkeit der Konjunktur. Ausschlaggebend waren die einsetzende wirtschaftliche Stagnation und hohe Arbeitslosigkeit bei gleichzeitiger Inflation. Dieses Phänomen der *Stagflation* stand im krassen Widerspruch zur keynesianischen Theorie.

Der schärfste Kritiker des Keynesianismus war Milton Friedman (1912–2006). Friedman gilt als Begründer des Monetarismus. Dessen Anhänger, die in der Tradition der Klassik stehenden Monetaristen, sind davon überzeugt, dass das marktwirtschaftliche System stabil ist, das heißt zur Vollbeschäftigung tendiert. Eine Ankurbelung der Wirtschaft, etwa durch höhere Staatsausgaben, hat ihrer Meinung nach nur eine sehr begrenzte, wenn nicht sogar negative

Wirkung auf die Beschäftigung. Schuld daran ist einmal der sogenannte *Crowding-out-Effekt*. Denn der Staat muss sich das zur Ausgabenfinanzierung nötige Geld auf dem Kapitalmarkt leihen. Dadurch steigen die Zinsen und kreditfinanzierte private Investitionen werden zurückgedrängt.

Crowding-out-Effekt

= *Verdrängung privater durch staatliche Ausgaben*

Die Monetaristen vertreten außerdem die Ansicht, dass es in jeder Volkswirtschaft eine gewisse *natürliche Arbeitslosigkeit* gibt, weil sich nicht alle Arbeitnehmer an veränderte Strukturen anpassen können oder wollen bzw. die geforderten Reallöhne zu hoch sind. Diese Art der Arbeitslosigkeit lässt sich nach monetaristischer Ansicht mittels einer expansiven Wirtschaftspolitik nicht überwinden.

Eine zentrale Hypothese des Monetarismus bildet die Neo-*Quantitätstheorie*. Es handelt sich hierbei um eine von Friedman aufgestellte „Neuformulierung" der klassischen Quantitätstheorie (siehe vorne). Deren Grundaussage lautete: Wird die Geldmenge erhöht (reduziert), so steigt (sinkt) das Preisniveau. Die Neo-Quantitätstheorie geht demgegenüber davon aus, dass eine Geldmengenerhöhung kurzfristig auch das reale Inlandsprodukt beeinflusst, langfristig aber praktisch immer inflationstreibend wirkt. Diese These ist heute überwiegend akzeptiert. Auf ihrer Basis plädieren die Monetaristen für eine sogenannte *potenzialorientierte Geldpolitik* (siehe weiter hinten). Eine aktive, von Fall zu Fall praktizierte Stabilisierungspolitik à la Keynes lehnen sie ab.

Angebots- und Nachfrageökonomik

Das Credo der auf dem Keynesianismus basierenden *Nach-fragepolitik* besteht darin, die Schwankungen im Auslas-tungsgrad des Produktionspotenzials mit Hilfe von Kon-junkturprogrammen zu glätten. Vor allem in schweren Konjunkturkrisen erscheint es sinnvoll, wenn der Staat die gesamtwirtschaftliche Nachfrage zu stützen versucht. Die Erfahrungen in Deutschland und anderen Ländern zeigen allerdings, dass die nachfrageorientierte Konjunkturpolitik häufig mit negativen Effekten verbunden ist. Hierzu ge-hört beispielsweise die typischerweise erhöhte Steuer- und Schuldenlast. Diese und weitere Kritikpunkte werden wir im Kapitel Öffentliche Finanzen noch genauer darstellen.

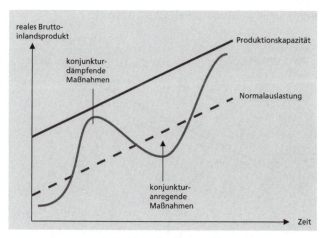

Antizyklische Nachfragepolitik

Ziel der *Angebotspolitik* ist es, die Voraussetzungen zur Gütererstellung in einer Volkswirtschaft zu verbessern.

Während die Nachfragepolitik die Schwankungen im Auslastungsgrad des Produktionspotenzials glätten will, richtet sich die Angebotspolitik auf die (längerfristige) Erhöhung der Produktionskapazität selbst. Auf der Grundlage
der Klassik bzw. des Monetarismus (oft subsumiert unter
dem Begriff „Neoklassik") wird vom Staat eine auf Stetig-
keit bedachte, vorhersehbare Wirtschaftspolitik erwartet,
die den Rahmen schafft, in dem die Wirtschaft gedeihen
kann. Die Verminderung der staatlichen Eingriffe und Re-
glementierung soll die unternehmerische Initiative fördern
und die Lenkungsfunktion des Marktes wiederherstellen.
Auch gehen mit dem Rückzug des Staates aus dem Wirtschaftsleben die finanziellen Ansprüche des öffentlichen
Sektors an seine Bürger zurück, was sich positiv auf die
individuelle Leistungsbereitschaft auswirkt.

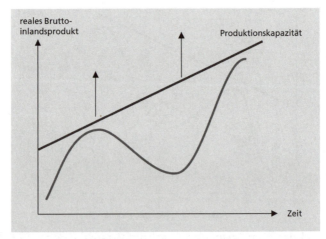

Potenzialorientierte Angebotspolitik

Die wirtschaftspolitischen Forderungen der Angebotsökonomik beinhalten unter anderem:

▸ Subventionsabbau, Privatisierung und Deregulierung

▸ Steuersenkung und -vereinfachung, Abbau der Staatsverschuldung

▸ Lohnzurückhaltung, Lohndifferenzierung

▸ Flexibilisierung des Arbeitsmarktes, Senkung der Lohnzusatzkosten

▸ Förderung der Grundlagen- und Technologieforschung.

Auf den Punkt gebracht

Die Entscheidung über den wirtschaftspolitischen Kurs hängt von der konkreten Situation ab. Die Behandlung einer Volkswirtschaft durch den Staat ähnelt dabei der eines Drogenabhängigen: In Zeiten der akuten Krise kann es durchaus sinnvoll sein, ihm eine gezielte Dosis Stoff zu verabreichen (Nachfragepolitik). Um aber auf Dauer zu gesunden, führt an einem Entzugsprogramm (Angebotspolitik) kein Weg vorbei.

Öffentliche Finanzen

Zum Sektor „Staat" gehören die Gebietskörperschaften (Bund, Länder und Gemeinden) sowie die Träger der Sozialversicherung (Renten-, Kranken-, Unfall-, Pflege- und Arbeitslosenversicherung).

Der Staat und seine Aufgaben

Traditionell werden dem Staat in marktwirtschaftlich organisierten Wirtschaftssystemen drei Aufgaben zugewiesen:

▶ Die *Distribution* = Umverteilung. Der Staat soll eine als ungerecht empfundene Einkommensverteilung korrigieren.

▶ Die *Stabilisierung* = Verstetigung. Der Staat soll konjunkturelle Schwankungen durch den Einsatz der Fiskalpolitik oder der Geldpolitik dämpfen.

▶ Die *Allokation* = Lenkung. Der Staat soll gesellschaftlich wichtige, sogenannte „öffentliche Güter" anbieten, bei deren Bereitstellung der Markt versagt (Beispiele: Gesundheit, Bildung, Sicherheit).

Zur Erfüllung der genannten Aufgaben ist der Staat durch vielfältige Ausgaben und Einnahmen mit den Haushalten und Unternehmen verbunden. Die *Ausgaben* umfassen die Investitionen, etwa in den Straßenbau etc., und den Staatskonsum. Darunter fallen die laufenden Sach- und Personalausgaben sowie die Ausgaben für militärische Zwecke und die Zinszahlungen für öffentliche Schulden. Hinzu treten Transferzahlungen (also Zuschüsse ohne Gegenleistung) in Form von Sozialleistungen (Renten, Kindergeld, Arbeitslosengeld etc.) oder Subventionen, beispielsweise an die Werftindustrie. Die zur Finanzierung notwendigen *Einnahmen* beschafft sich der Staat hauptsächlich durch die Erhebung von Steuern. Große Bedeutung hat daneben die staatliche Kreditaufnahme, die sich vor allem aus der Ersparnis der Haushalte speist.

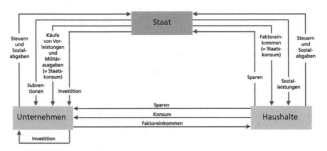

Der Staat im Wirtschaftskreislauf

In der Diskussion über die Größe des öffentlichen Sektors finden folgende Kennzahlen besondere Beachtung:

▶ Die *Staats- bzw. Staatsausgabenquote* = Verhältnis der gesamten staatlichen Ausgaben zum Bruttoinlandsprodukt

▶ Die *Steuerquote* = Relation aus Steuereinnahmen und Bruttoinlandsprodukt. Die Abgabenquote bezieht neben den Steuern auch noch die Sozialabgaben ein.

▶ Die *Schuldenquote* = Quotient aus staatlicher Verschuldung und Bruttoinlandsprodukt

Probleme des deutschen Sozialsystems

Der Umfang der Staatstätigkeit hat in der Vergangenheit rasant zugenommen. Vor 100 Jahren betrug die Staatsquote in Deutschland etwa 15 Prozent, heute liegt sie bei rund 50 Prozent. Dabei sind vor allem die staatlichen Ausgaben für soziale Sicherung überproportional gestiegen. Mehr als die Hälfte der Staatsausgaben, also gut ein Viertel des BIP, dient heute sozialen Zwecken. 1950 lag der BIP-Anteil nur bei einem Sechstel.

Die Finanzierungsprobleme der öffentlichen Hand, vor allem bei der *Rentenversicherung*, lassen erkennen, dass der Ausgabenanstieg in der bestehenden Organisation der sozialen Sicherung auf Dauer nicht zu verkraften ist. Aufgrund der niedrigen Geburtenrate und der zunehmenden Lebenserwartung wird die Bevölkerung in Deutschland erheblich schrumpfen und zugleich stark altern. Selbst unter der Annahme einer jährlichen Zuwanderung von 200.000 Menschen wird die Bevölkerungszahl bis zum Jahr 2050 um rund 10 Millionen auf 72 Millionen zurückgehen. Der *Altenquotient*, der das Verhältnis der über 65-Jährigen zu den 20- bis 64-Jahrigen misst, wird sich von heute knapp 30 Prozent auf über 50 Prozent verschlechtern. Das bedeutet, dass die Zahlung an einen Rentner von weniger als zwei Erwerbstätigen zu tragen wäre. Denn bekanntlich ist die gesetzliche Rentenversicherung in Deutschland nach dem *Umlageverfahren* organisiert: Wer beschäftigt ist, zahlt in das System ein, und diese Beträge werden sofort an die Rentner weitergeleitet. Man spricht vom *Generationenvertrag*.

Die Grundproblematik der gesetzlichen Rentenversicherung wird anhand folgender „Finanzierungsgleichung", welche die Einnahme- und Ausgabeseite gegenüberstellt, ersichtlich.

Finanzierungsgleichung der Rentenversicherung

(Anzahl Beitragszahler
× *durchschnittliches Einkommen*
× *Beitragssatz)*
+ *Bundeszuschüsse*
= *Anzahl Rentner*
× *durchschnittliches Rentenniveau*

Damit sind die Stellschrauben des Systems bekannt: Wie ausgeführt, wirkt die demografische Entwicklung in Richtung einer Verringerung der Anzahl der Beitragszahler und einer Erhöhung der Anzahl der Rentner. Die Entwicklung des Durchschnittseinkommens ist politisch nicht planbar. Eine weitere Anhebung der heute bereits exorbitanten Bundeszuschüsse sollte sich verbieten, ebenso eine Erhöhung des Beitragssatzes.

Kernpunkte einer Rentenreform in Deutschland müssen daher die Senkung des Leistungsniveaus bei gleichzeitiger Stärkung der kapitalgedeckten Elemente (das heißt: der privaten Vorsorge) sein. Notwendig ist drittens eine Erhöhung des effektiven Rentenzugangsalters. Dadurch steigt die Anzahl der Beitragszahler, während sich die Anzahl der Rentenempfänger verringert und sich die Rentenbezugszeit verkürzt.

Der demografische Wandel hat auch auf das System der *Krankenversicherung* schwerwiegende Auswirkungen, da die Gesundheitsausgaben mit zunehmendem Alter steigen. Außerdem führt der medizinisch-technische Fortschritt zu weiter ansteigenden Kosten. Auch im Gesundheitswesen sind somit dringend Reformen erforderlich. Nach Meinung der meisten Experten löst das gegenwärtige System des Gesundheitsfonds die anstehenden Probleme nicht.

Steuerarten und -tarife

Nicht nur in der Bundesrepublik, aber hier besonders, gibt es eine Vielzahl von Steuern. Sie lassen sich in direkte und indirekte Steuern einteilen.

Direkte Steuern

= *Steuern, die von denjenigen, die sie an das Finanzamt abführen müssen, nicht auf andere überwälzbar sind (Beispiel: Einkommensteuer).*

Indirekte Steuern

= *Steuern, die letztlich vom Endverbraucher getragen werden (Beispiel: Umsatzsteuer).*

Wesentlich informativer ist indes die Gliederung der Steuern nach dem Steuergegenstand.

Art der Steuer	Beispiele
Einkommensteuern	Einkommensteuer natürlicher Personen (Lohnsteuer, veranlagte Einkommensteuer), Körperschaftsteuer
Verkehrsteuern	Umsatzsteuer, Grunderwerbsteuer, Versicherungsteuer
Verbrauchsteuern	Biersteuer, Branntweinsteuer, Kraftfahrzeugsteuer, Tabaksteuer, Mineralölsteuer
Ertragsteuern	Gewerbesteuer, Grundsteuer
Erbschaftsteuer	Erbschaftsteuer
Zölle	Importzölle

Wichtige Steuerarten in Deutschland

Das Ausmaß der steuerlichen Belastung hängt von der Steuerbemessungsgrundlage und vom Steuertarif ab. Prinzipiell existieren drei Typen von Tarifen:

Progressiver Steuertarif

= *mit steigender Bemessungsgrundlage (z. B. Einkommen) steigt die Steuerbelastung stärker als die Bemessungsgrundlage. Der in Prozent etwa des gesamten Einkommens gemessene durchschnittliche Steuersatz erhöht sich also.*

Proportionaler Steuertarif

= *die steuerliche Belastung nimmt in gleichem Maße zu wie die Bemessungsgrundlage, der Durchschnittssteuersatz ist konstant (Beispiel: Mehrwertsteuer von 19 Prozent).*

Den *regressiven Tarif* (abnehmende Steuerbelastung) findet man heute bei der Einkommensteuer kaum noch.

Neben dem Durchschnittssteuersatz, dessen Veränderung über den Tariftyp bestimmt, kommt dem Grenzsteuersatz eine besondere Bedeutung zu.

Der Grenzsteuersatz

gibt an, wie viel Prozent Steuern man bei wachsender Bemessungsgrundlage auf jede zusätzliche Einheit, z. B. des Einkommens, bezahlen muss.

Bei höchsten Einkommen spricht man vom *Spitzensteuersatz*.

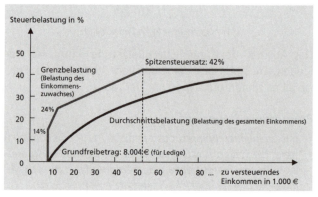

Der deutsche Einkommensteuertarif 2012

In Deutschland gilt für Ledige ein Grundfreibetrag von 8.004 Euro (für Verheiratete: 16.008 Euro. Das jährliche Einkommen bis zu dieser Höhe wird nicht besteuert. Der Eingangssteuersatz für darüber liegende Einkommen beträgt 14 Prozent, das heißt, vom ersten Euro Mehrverdienst gehen 14 Cent an das Finanzamt. Dieser Grenzsteuersatz steigt in zwei Abschnitten – man nennt sie „linear-progressive Zonen" – kontinuierlich an und erreicht bei einem zu versteuernden Jahreseinkommen von 52.882 Euro (Verheiratete: 105.764 Euro) 42 Prozent. Der Spitzensteuersatz bleibt nun auch bei weiter steigendem Einkommen konstant. Seit 2007 müssen Ledige mit einem Jahreseinkommen von mehr als 250.000 Euro (Verheiratete: 500.000 Euro) zusätzlich noch 3 Prozentpunkte des diese Schwelle übersteigenden Betrages versteuern, ihr Grenz- bzw. Spitzensteuersatz liegt diesbezüglich also bei 45 Prozent. Der Durchschnittssteuersatz steigt ab einem Jahreseinkommen von 8.004 Euro von 0 auf 26,8 Prozent bei einem Einkommen von 52.882 Euro. Er nähert sich dann immer mehr dem Spitzensteuersatz von 42 (bzw. 45) Prozent.

Staatsverschuldung – notwendig oder gefährlich?

Die Verbindlichkeiten des deutschen Staates wachsen unaufhörlich. Ende 2011 belief sich die Schuldenlast aller öffentlichen Haushalte auf fast 2,1 Billionen Euro. In den nächsten Jahren ist eine weitere Zunahme zu erwarten.

Für eine staatliche Kreditfinanzierung gibt es durchaus gute Gründe:

▶ Öffentliche Investitionsvorhaben, vor allem im Bereich der Infrastruktur, fallen nicht gleichmäßig über die Jahre an, sondern konzentrieren sich auf bestimmte Zeiträume. Müssten sie durch Steuern finanziert werden, so wären sprunghafte Änderungen in der Steuerpolitik notwendig.

▸ Nach dem sogenannten *Pay-as-you-use-Ansatz* lässt sich weiter argumentieren, dass an dem Nutzen öffentlicher Investitionen auch künftige Generationen teilhaben. Deshalb ist es nur gerecht, diese an den Zins- und Tilgungslasten kreditfinanzierter Staatsausgaben zu beteiligen.

▸ Und nicht zuletzt ist auch noch darauf hinzuweisen, dass dem Staat die Aufgabe der *antizyklischen Konjunkturpolitik* zufällt.

Angesichts ihrer möglichen negativen Effekte sind der Staatsverschuldung Grenzen gesetzt. Entsprechend dem *Maastricht-Vertrag* von 1992 und dem darauf aufbauenden *Stabilitäts- und Wachstumspakt* von 1996 darf die jährliche Neuverschuldung in den Teilnehmerländern der Europäischen Währungsunion in der Regel (Ausnahmen sind möglich) maximal drei Prozent des Bruttoinlandsprodukts betragen. (Der StWP wurde 2005 „aufgeweicht" und 2011 unter dem Eindruck der EWU-Staatsschuldenkrise wieder verschärft.) In Deutschland schreibt das Grundgesetz in Art. 115 vor, dass der Bund Kredite nur bis zur Höhe der im Haushalt veranschlagten Ausgaben für Investitionen aufnehmen darf. Eine Überschreitung dieser Grenze ist lediglich zur Abwehr einer Störung des gesamtwirtschaftlichen Gleichgewichts zulässig. Allerdings hat sich diese Regel als zu vage erwiesen, um zu greifen. Vor diesem Hintergrund hat Deutschland 2009 eine *Schuldenbremse* im Grundgesetz beschlossen. Sie sieht vor, dass der Bund vom Jahr 2016 an in normalen Zeiten seine Nettokreditaufnahme auf 0,35 des Bruttoinlandsprodukts begrenzen muss. Die Länder sollen von 2020 an grundsätzlich keine neuen Schulden mehr machen.

Bekanntlich birgt die Staatsverschuldung erhebliche Gefahren:

▸ Wenn außer den Unternehmen auch der Staat mit seiner Kreditaufnahme die Ersparnisse der Haushalte beansprucht, so kann das zu einem Anstieg der Zinsen führen. Dadurch können private Investitionen „verdrängt" werden (*Crowding-out-Effekt*).

▸ Außerdem ist jede Kreditaufnahme bei Banken für sich alleine mit einer Ausweitung der Geldmenge verbunden (auch wenn der Staat keine Direktkredite bei der EZB aufnehmen darf!), was den Bemühungen der Zentralbank um Preisstabilität zuwiderläuft.

▸ Staatsschulden belasten zukünftige Generationen nach dem Motto: „Kinder haften für ihre Eltern". Die Schulden von heute sind die Steuern von morgen, denn Schulden ziehen Zins- und Tilgungsverpflichtungen nach sich (*Lastenverschiebungsthese*).

▸ Schließlich haben Staatsschulden zur Folge, dass ein wachsender Anteil der öffentlichen Ausgaben auf Zinsverpflichtungen entfällt. Jeder Euro, der für Zinsen ausgegeben wird, fehlt an anderer Stelle, etwa für Lehrer, Polizisten, Soldaten, Krankenhäuser und andere öffentliche Kernaufgaben. Die Handlungsfähigkeit des Staates wird zunehmend eingeschränkt. Auch beschädigt eine übermäßige staatliche Verschuldung das Vertrauen der Finanzmärkte, wie die EWU-Staatsschuldenkrise gezeigt hat.

Fiskalpolitik: Ziele, Instrumente, Probleme

Unter der Fiskalpolitik versteht man die Änderung der Staatseinnahmen und -ausgaben, um Konjunkturausschläge zu dämpfen. Dies bildet den zentralen Ansatzpunkt der *keynesianischen Nachfragepolitik*. Anders als die Geldpolitik, deren Strategie – zumindest in Euroland – auf die Verstetigung der monetären Rahmenbedingungen gerichtet ist, wird die Fiskalpolitik *antizyklisch* eingesetzt: In der Rezession werden (unter Inkaufnahme einer höheren Verschuldung) die Staatsausgaben erhöht oder die Steuern gesenkt (expansive Fiskalpolitik). Umgekehrt wird im Boom eine kontraktive Fiskalpolitik verfolgt. Außer der fallweisen existiert auch eine automatisch wirkende Fiskalpolitik. Die *Built-in-Flexibility* besteht etwa in der progressiven Ausgestaltung des Einkommensteuertarifs oder der Arbeitslosenversicherung, was im Boom dämpfend und in der Rezession Konjunktur belebend wirken soll.

Die im Stabilitätsgesetz von 1967 verankerten *Instrumente der Fiskalpolitik* umfassen

▸ einnahmepolitische Mittel, etwa die Veränderung von Steuern oder Abschreibungsmöglichkeiten, und

▸ ausgabepolitische Mittel, wie die Gewährung von Investitionsprämien oder zusätzliche Ausgabenprogramme.

Einnahmepolitische Mittel haben nur indirekten Einfluss auf die gesamtwirtschaftliche Nachfrage. So bedeutet eine Steuersenkung zunächst lediglich, dass das verfügbare Einkommen der Steuerzahler steigt. Die Haushalte werden davon – entsprechend ihrer Konsumquote – nur einen Teil verausgaben (z. B. 80 Prozent) und den Rest sparen. *Ausgabepolitische Mittel* wirken dagegen direkt, es sei denn, es handelt sich um Unterstützungszahlungen (Transfers), die ja ebenfalls nur das Einkommen der Empfänger berühren.

Die beschriebene Fiskalpolitik gilt aus mehreren Gründen als problematisch:

▸ Es besteht die Gefahr, dass der Wirtschaftsablauf durch staatliche Interventionen nicht geglättet, sondern destabilisiert wird. Dies liegt an *der Lag-Problematik*: Bis die konjunkturelle Situation richtig erkannt wird, daraufhin Maßnahmen beschlossen und durchgeführt werden und diese dann Wirkung zeigen, kann viel Zeit vergehen. Denkbar ist, dass etwa ein expansiver Effekt erst eintritt, wenn die Wirtschaft aus sich heraus bereits expandiert. Die Finanzpolitik wirkt dann *prozyklisch*, sie verstärkt die Konjunkturschwankungen.

▸ In der Vergangenheit hat sich gezeigt, dass der Staat zwar in der Rezession eine kreditfinanzierte Erhöhung der Staatsausgaben betreibt, es andererseits aber kaum gelingt, im Boom die Ausgaben zu senken und die Schulden wieder zu tilgen: Die Finanzpolitik ist *asymmetrisch*, mit der Folge stetig wachsender Staatsausgaben, Verschuldung und Steuerlasten.

▸ Einige Probleme haben wir bereits angesprochen. Hierzu gehört die *Crowding-out-Problematik*, wobei die Erwartungen eine erhebliche Rolle spielen: Rational denkende Wirtschaftssubjekte knüpfen an die Staatsdefizite von heute die Erwartung künftiger Steuererhöhungen zur Bedienung der Staatsschulden. Sie werden deshalb auf steigende Defizite genauso reagieren wie auf eine

Steueranhebung, nämlich mit einer Einschränkung ihrer Konsum- und Investitionstätigkeit. Dies wird auch als *Erwartungs-Crowding-out* bezeichnet.

Auf den Punkt gebracht

Das Gewicht des öffentlichen Sektors hat in Deutschland – wie auch in anderen Industrieländern – erheblich zugenommen. Die damit verbundene große Steuerbelastung und hohe staatliche Verschuldung wird immer wieder kritisch diskutiert. Angesichts des demografischen Wandels erscheint insbesondere eine durchgreifende Reform des Systems der sozialen Sicherung dringend geboten.

Geldtheorie und -politik

Im Folgenden befassen wir uns mit den Grundfragen des Geldwesens. Welche Bedeutung hat das Geld für eine Volkswirtschaft? Wie entsteht Geld überhaupt? Was macht die Europäische Zentralbank?

Funktionen des Geldes

Unter Geld versteht man ein Gut, das in einer Gesellschaft drei Funktionen erfüllt:

- In erster Linie dient Geld als allgemein anerkanntes *Tausch- bzw. Zahlungsmittel*.

- Geld fungiert ferner als *Recheneinheit*. Es macht die Güter wertmäßig vergleichbar.

- Schließlich hat Geld die Funktion eines *Wertaufbewahrungsmittels*.

Logischerweise kann Geld die genannten Funktionen nur erfüllen, wenn sein Wert stabil ist. Die Stabilität des Geldwertes zu gewährleisten, ist mithin die vorrangige Aufgabe der Zentralbank.

Die Geldmenge – was ist das?

Die Summe des für Güterkäufe verfügbaren Geldes ist die *Geldmenge*. In der Europäischen Währungsunion, wie in anderen Währungsräumen in ähnlicher Weise, unterscheidet man drei Geldmengenaggregate: Die eng gefasste Geldmenge *M1* (M wie Money) enthält das direkt als Zahlungsmittel akzeptierte Bar- und Buchgeld. Die mittlere Geldmenge *M2* und die weit gefasste Geldmenge *M3* beinhalten auch Geldformen die – will man sie für Güterkäufe benutzen – erst in Noten, Münzen oder Sichteinlagen (Giralgeld) umgetauscht werden müssen. Sogenannte marktfähige Finanzinstrumente sind spezielle Vermögensformen bzw. Wertpapiere, die jederzeit ohne nennenswerte Kursverluste verkauft, das heißt in Giralgeld getauscht werden können.

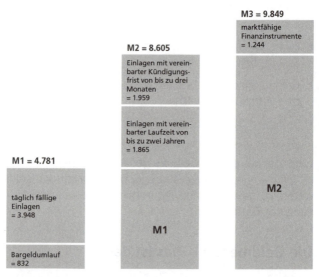

Abgrenzungen der Geldmenge (in Euroland in Mrd. Euro, Ende 2011)

Zu beachten ist bei all diesen Geldmengenabgrenzungen, dass sie nur das Geld umfassen, das sich in Händen der im Euro-Währungsgebiet ansässigen „Nichtbanken" – also den privaten Haushalten, des Staates oder der Unternehmen – befindet. Die Geldbestände der Banken (etwa die Guthaben der Geschäftsbanken bei der Zentralbank) gehören *nicht* zur Geldmenge. Das bei ihnen vorhandene Zentralbankgeld spielt aber eine ganz entscheidende Rolle bei der Entstehung der Geldmenge. Es bildet sozusagen den „Rohstoff", den die Geschäftsbanken brauchen, um damit die Geldmenge zu produzieren.

Die multiple Geldschöpfung

Um zu erklären, wie Geld entsteht bzw. in die Hände der Nichtbanken gelangt, muss man zwischen dem Geld, das die Zentralbank schafft (Zentralbankgeld), und dem Geld, das die Kreditinstitute schaffen (Bankengeld), unterscheiden. Der größte Teil der Geldschaffung vollzieht sich in zwei Schritten: Die Zentralbank liefert *Zentralbankgeld* an die Geschäftsbanken, indem sie diesen ein Sichtguthaben bei sich einräumt. Das zugrunde liegende Geschäft kann darin bestehen, dass die Zentralbank einen Kredit an eine Geschäftsbank gewährt oder von ihr Devisen, Wertpapiere oder einen anderen Vermögenswert ankauft. Die Geschäftsbanken benötigen dieses Zentralbankgeld, um ihrerseits Kredite an ihre Kunden zu vergeben oder von diesen Devisen bzw. andere Aktiva anzukaufen. Indem sie den Nichtbanken entsprechende Sichtguthaben bei sich einräumen, schaffen sie *Bankengeld*. Man nennt diesen Vorgang aktive *Giralgeldschöpfung*.

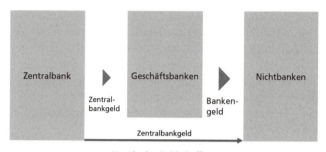

Kanäle der Geldschaffung

Neben dem beschriebenen zweistufigen Prozess der Geldschaffung kommt es, in viel geringerem Umfang, auch zu
einem direkten Transport von Zentralbankgeld von der Notenbank in den Nichtbankensektor. Dies geschieht erstens,
wenn neues *Bargeld* in Umlauf gebracht wird. Zweitens
kann die Zentralbank grundsätzlich auch privaten Unternehmen oder dem Staat Kredite gewähren oder von ihnen ein Wertpapier (oder ein anderes Aktivum) kaufen.
Die Bezahlung kann mit Bargeld oder durch Einräumung
eines Sichtguthabens erfolgen. In beiden Fällen entsteht
Zentralbankgeld. Allerdings spielt diese Form der Geld-
schöpfung in normalen Zeiten praktisch keine Rolle. In
der Europäischen Währungsunion ist eine direkte Kredit-
gewährung der Zentralbank an den Staat sogar gesetzlich
verboten. Denn dies birgt die Gefahr einer unkontrollier-
ten Geldmengenexpansion.

Im Schaubild oben ist der Strom des Bankengelds wesentlich breiter gezeichnet als der des Zentralbankgelds.
Das hat seine Ursache darin, dass das Geschäftsbankensystem auf der Basis einer bestimmten Zentralbankgeldmenge ein Vielfaches an Krediten vergeben und damit

Bankengeld schaffen kann. Dies wird als *multiple Geld-schöpfung* bezeichnet.

Folgendes Beispiel verdeutlicht den Zusammenhang:

Eine Bank A besitze frei verfügbares Zentralbankgeld in Höhe von 1.500 Geldeinheiten. Man spricht von der Überschussreserve. In dieser Höhe gewährt die Bank einem Kunden einen Kredit, das heißt, sie räumt ihm ein entsprechendes Sichtguthaben ein. Der Kunde hebt (annahmegemäß) ein Drittel des Betrags (also 500) in bar ab und überweist den Rest (1.000) auf das Konto eines Geschäftspartners bei der Bank B. Bank B muss auf diese Einlage einen bestimmten Prozentsatz als Mindestreserve bei der Zentralbank stilllegen. Dieses Zentralbankguthaben dient sozusagen als „Sicherheitspolster" zur Vermeidung der Zahlungsunfähigkeit einer Bank. Der Einfachheit sagen wir, der Mindestreservesatz betrage 25 Prozent bzw. ein Viertel (in Wirklichkeit liegt er in der Europäischen Währungsunion lediglich bei 1 Prozent). Nach Abzug der Mindestreserve (250) verbleiben der B-Bank Überschussreserven von 750, die sie ihrerseits als Kredit ausreichen kann (was sie auch tut). Wir sehen, dass die Banken A und B, ausgehend von der ursprünglichen Überschussreserve von 1.500 bereits 2.250 an neuem Giralgeld geschaffen haben. Dieser Prozess der Kreditvergabe setzt sich nun auch bei den Banken C, D etc. fort, wobei sich der jeweils ausleihbare Betrag durch Barabzüge und Mindestreserve immer weiter verkleinert.

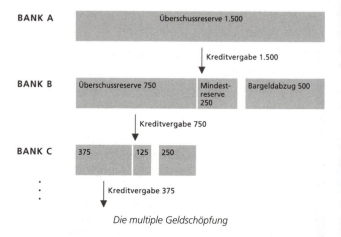

Die multiple Geldschöpfung

Der Geldschöpfungsprozess erreicht seine theoretische Grenze, wenn die ursprüngliche Überschussreserve vollständig durch die Bargeldabzüge und die Mindestreserve „verbraucht" ist. In der Realität wird diese Grenze aber normalerweise nicht erreicht. Wie viel Geld in den Wirtschaftskreislauf kommt, hängt nämlich nicht nur vom Geld- bzw. Kreditangebot der Banken, sondern hauptsächlich von der Geld- bzw. Kreditnachfrage der Nichtbanken ab. Dennoch bleibt als Fazit, dass das Geschäftsbankensystem als Ganzes (nicht die einzelne Bank!) mehr Kredite gewähren kann, als es an freiem Zentralbankengeld besitzt.

Die Kreditinstitute sind also keineswegs in der Lage, sämtliche Kundeneinlagen auszuzahlen. Bei einem „Sturm auf die Bankschalter", wenn die Menschen aus Angst um ihr Geld zur Bank rennen und ihre Einlagen abheben wollen, müsste die Zentralbank den Geschäftsbanken das benötigte Bargeld kreditweise zur Verfügung stellen. Durch den Umtausch von Sichteinlagen in Bargeld ändert sich die Geldmenge (zunächst) der Höhe nach nicht, nur in ihrer Struktur.

Die Europäische Zentralbank

Am 1. Januar 1999 startete die Europäische Währungsunion (EWU). Seitdem ist die *Europäische Zentralbank (EZB)* zuständig für die Geldpolitik im Euro-Währungsgebiet. Die Deutsche Bundesbank hat jetzt, ähnlich wie die anderen nationalen Zentralbanken in ihren Ländern, unter anderem die Aufgabe, die geldpolitischen Entscheidungen des EZB-Rates regional umzusetzen.

Die EZB ist der Kopf des *Europäischen Systems der Zentralbanken (ESZB)*. Neben der EZB umfasst das ESZB alle nationalen Zentralbanken (NZBen) der 27 Mitgliedsstaaten der Europäischen Union. Dabei ist zu beachten, dass derzeit elf EU-Mitgliedsländer der Europäischen Währungsunion (noch) nicht angehören.

EWU-Mitgliedsstaaten
Belgien (1999), Deutschland (1999), Estland (2011), Finnland (1999), Frankreich (1999), Griechenland (2001), Irland (1999), Italien (1999), Luxemburg (1999), Malta (2008), Niederlande (1999), Österreich (1999), Portugal (1999), Slowenien (2007), Slowakei (2009), Spanien (1999), Zypern (2008).

Mitgliedsstaaten im EWS 2
Dänemark, Lettland, Litauen.

Weitere EU-Mitgliedsstaaten
Bulgarien, Großbritannien, Polen, Rumänien, Ungarn, Schweden, Tschechische Republik.

EWU, EWS 2 und EU (in Klammern Beitrittsjahr)

Dänemark, Lettland und Litauen gehören dem *Europäischen Währungssystem (EWS) 2* an. Es handelt sich hierbei praktisch um das „Wartezimmer" für die Europäische Währungsunion. Zwischen dem Euro und den Währungen dieser Länder bestehen Leitkurse, um die der jeweilige Wechselkurs nur innerhalb einer Bandbreite schwanken darf. Im Falle der dänischen Krone beträgt diese Bandbreite ± 2,25 Prozent, bei den anderen Währungen ± 15 Prozent. Voraussetzung für eine Aufnahme in die EWU ist neben der Erfüllung bestimmter Stabilitätskriterien („Maastricht-Kriterien") eine mindestens zweijährige spannungsfreie Teilnahme am EWS 2. Die NZBen der 17 Länder, in denen der Euro gesetzliches Zahlungsmittel ist, bilden zusammen mit der EZB das *Eurosystem*. Es trägt die alleinige Verantwortung für die Geldpolitik in der Währungsunion.

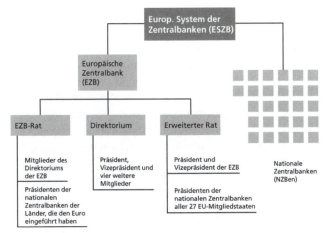

Das Europäische System der Zentralbanken

Höchstes Beschlussorgan der EZB ist der *EZB-Rat*. Seine Hauptaufgaben sind:

▶ Die Festlegung der Geldpolitik des Euro-Währungsgebietes, insbesondere der Leitzinssätze,

▶ Die Entscheidung über Interventionen am Devisenmarkt (dabei geht es darum, ausländische Währungen zu kaufen bzw. zu verkaufen, um deren Wechselkurs bzw. den Kurs des Euro zu stützen) sowie

▶ Die Genehmigung der Ausgabe von Euro-Banknoten und Münzen.

Das *Direktorium* der EZB ist verantwortlich für die Ausführung der Geldpolitik. Es ist damit das zentrale Exekutivorgan der EZB. Solange nicht alle EU-Mitglieder den Euro

eingeführt haben, besteht als drittes (beratendes) Organ
der *Erweiterte Rat*.

Oberstes Ziel der Europäischen Zentralbank ist die Sicherung der Preisstabilität. Das wird durch Art. 105 Absatz 1
EG-Vertrag klar festgelegt. Dort heißt es:

> „Das vorrangige Ziel des ESZB ist es, die Preisstabilität
> zu gewährleisten. Soweit dies ohne Beeinträchtigung
> des Zieles der Preisstabilität möglich ist, unterstützt das
> ESZB die allgemeine Wirtschaftspolitik in der Gemein-
> schaft."

Bei der Verfolgung ihrer vorrangigen Zielsetzung ist die
Europäische Zentralbank von politischen Weisungen der
nationalen Regierungen unabhängig. Gemäß Artikel 108
des EG-Vertrages …

> „… darf weder die EZB noch eine nationale Zentral-
> bank noch ein Mitglied ihrer Beschlussorgane Wei-
> sungen von Organen oder Einrichtungen der Gemein-
> schaft, Regierungen oder Mitgliedsstaaten oder ande-
> rer Stellen einholen oder entgegennehmen."

Der gesetzlich verankerten Unabhängigkeit der Zentralbank kommt eine überaus hohe Bedeutung zu. Denn Regierungen sind erfahrungsgemäß an der Finanzierung von
Staatsausgaben durch Notenbankkredite bzw. der Verfolgung einer expansiven Geldpolitik unter Inkaufnahme von
Inflation interessiert. Die Kompetenz für die *Wechselkurs-
politik* liegt indes grundsätzlich beim ECOFIN-Rat (Rat der
Wirtschafts- und Finanzminister der EU-Mitgliedsstaaten).

Die geldpolitischen Instrumente ...

Im Kern besteht die Aufgabe einer Notenbank darin, die Wirtschaft optimal mit Geld zu versorgen. Die Europäische Zentralbank verfügt zu diesem Zweck über ein breites Arsenal von Instrumenten. Diese sind darauf ausgerichtet, die *Bankenliquidität*, den Bestand an Zentralbankgeld in Händen der Geschäftsbanken, zu steuern. Denn Geschäftsbanken benötigen für ihre Kredit- und Geldschaffung Zentralbankgeld. Für dessen Produktion wiederum besitzt die Zentralbank das Monopol und genau hier setzt die Geldpolitik deshalb an. Ihr Operationsfeld ist der *Geldmarkt*. Das ist – grob gesprochen – der Markt für kurzfristige Kredite, auf dem sich die Geschäftsbanken im Bedarfsfall untereinander Zentralbankgeld ausleihen. Auf diesem Markt tritt nun die Zentralbank als zusätzlicher Anbieter bzw. Nachfrager auf. Durch die Bereitstellung bzw. die Abschöpfung von Zentralbankgeld ändert sie die Refinanzierungsbedingungen der Kreditinstitute und beeinflusst damit den Geldmarktzins.

Im Mittelpunkt der EZB-Politik steht die *Offenmarktpolitik*. Darunter versteht man den An- bzw. Verkauf bestimmter Wertpapiere durch die Zentralbank. Offenmarktgeschäfte werden sehr oft zeitlich befristet abgeschlossen. Man spricht dann von „Wertpapierpensionsgeschäften". Dabei müssen die Geschäftsbanken die Wertpapiere, durch deren Verkauf sie sich (annahmegemäß) Zentralbankgeld beschafft haben, am Ende der Laufzeit wieder zurückkaufen. Dadurch sinkt (im betrachteten Fall) der Bestand an Zentralbankgeld automatisch wieder. Auf diese Weise lässt sich die Entwicklung der Zentralbankgeldmenge gut kontrollieren. Wichtigstes Instrument der Offenmarktpolitik sind die *Hauptrefinanzierungsgeschäfte*. Sie werden wöchentlich mit einer Laufzeit von einer Woche angeboten.

Der Zins für die Hauptrefinanzierung – kurz: Refi-Satz – ist der maßgebliche Leitzins im Eurosystem. Er gilt als Indikator für den monetären Kurs der EZB.

Eine Senkung des Refi-Satzes signalisiert eine expansive, eine Anhebung signalisiert eine kontraktive Geldpolitik. *Ständige Fazilitäten* bieten darüber hinaus die Möglichkeit des jederzeitigen kurzfristigen Liquiditätsausgleichs in unbegrenzter Höhe. Die *Spitzenrefinanzierungsfazilität* erlaubt den Banken, sich über Nacht Zentralbankgeld zu beschaffen. Der dafür zu zahlende Zins liegt über dem Refi-Satz und bildet die Obergrenze des Geldmarktzinses. Die Untergrenze bildet der Zins, den Banken im Rahmen der *Einlagefazilität* für über Nacht bei der EZB angelegte Überschussreserven erhalten. Damit entsteht ein Zinskanal, in dem sich der Tagesgeldsatz auf dem Geldmarkt bewegt. Schließlich müssen die Banken bei der EZB ein Guthaben in Höhe eines bestimmten Prozentsatzes (1 Prozent) ihrer kurzfristigen Verbindlichkeiten (v. a. Kundeneinlagen) als Mindestreserve halten. Durch die Veränderung des *Mindestreservesatzes* könnte die EZB ebenfalls die Geldschöpfung der Kreditinstitute beeinflussen.

1. Offenmarktgeschäfte zur Liquiditätsbereitstellung			
Hauptrefinanzie-rungsinstrument	längerfristige Refinanzierungs-geschäfte	Feinsteuerungs-operationen	strukturelle Operationen
2. Offenmarktgeschäfte zur Liquiditätsabschöpfung			
		Feinsteuerungs-operationen	strukturelle Operationen
3. ständige Fazilität zur Liquiditätsbereitstellung			
Spitzenrefinanzierungsfazilität			
4. ständige Fazilität zur Liquiditätsabschöpfung			
Einlagefazilität			
5. Mindestreserve			
Mindestreserveeinlage			

Instrumente der Europäischen Zentralbank

Zu erwähnen ist noch, dass die EZB Wertpapiere auch *direkt* am Kapitalmarkt ankaufen kann. Das hat sie beispielsweise in der Wirtschaftskrise 2009 getan. Man nennt das „quantitative Lockerung". Eine solche direkte Geldmengenerhöhung gilt als letztes Mittel, wenn die übliche – indirekt über die Kreditvergabe der Geschäftsbanken wirkende – expansive Zinspolitik nicht mehr greift.

... und ihre Wirkungsweise

Wir hatten festgestellt, dass die Zentralbank mit ihren Instrumenten den *Geldmarktzins* beeinflusst. Zinsimpulse am Geldmarkt lösen nun eine Kette von Anpassungsreaktionen aus – zunächst auf den Finanzmärkten, dann im güterwirtschaftlichen Bereich.

Im Vordergrund steht der *Zinseffekt*. Angenommen, die Zentralbank reduziert den Refi-Satz und der Geldmarktzins sinkt (expansive Geldpolitik). Die Geschäftsbanken werden diese Senkung ihrer Refinanzierungskosten in der Regel an die Kreditkunden weitergeben. Auch die langfristigen Zinsen – etwa für Baudarlehen mit 10-jähriger Laufzeit – gehen zurück. Die Zinssenkung pflanzt sich, ausgehend vom Geldmarkt, über den Bankenkreditmarkt bis auf den Kapitalmarkt fort. Vorausgesetzt, die anderen Einflussfaktoren stimmen, so regt dies die Investitions- und Konsumnachfrage an.

Zinsänderungen an den monetären Märkten ziehen weiterhin *Vermögenseffekte* nach sich. Zinssenkungen etwa erhöhen den Marktwert von Immobilien. Ebenso führen sie häufig zu Kurssteigerungen bei Aktien.

Hängt die Konsumnachfrage auch vom Wert des Vermögens ab, so erhöhen die privaten Haushalte ihre Konsumausgaben. Für die Unternehmen verbilligt sich die Eigen- und Fremdkapitalbeschaffung, was die Investitionstätigkeit anregt. Derartige Vermögenseffekte spielen heute eine große Rolle. Aufgrund der Beweglichkeit der internationalen Kapitalströme können zinspolitische Maßnahmen der Zentralbank des Weiteren spürbare *Wechselkurseffekte* hervorrufen: Sinkende inländische Zinsen bewirken einen Kapitalabfluss (in höher verzinsliche ausländische Anlagen) mit der Folge einer Abwertung der Inlandswährung. Dadurch verbessert sich die internationale Wettbewerbsfähigkeit der Exportwirtschaft.

Wirkungskanäle der Geldpolitik

Die Durchschlagskraft der Geldpolitik ist indes in hohem Maße von den *Erwartungen* der Marktteilnehmer abhängig. Unternehmen und private Haushalte entscheiden über Investition, Produktion, Konsum und Ersparnis auch mit Blick auf die zu erwartende Wirtschaftslage.

Im Falle *pessimistischer Erwartungen* ist beispielsweise denkbar, dass die Investitionstätigkeit auch bei sinkenden Zinsen nicht anspringt (*Investitionsfalle*). Dies wurde bereits von Keynes erkannt.

Neben der Möglichkeit, dass die Investitionen auf Zinssenkungen nicht reagieren, hat Keynes auf eine weitere mögliche Blockade der Geldpolitik aufmerksam gemacht: die berühmte *Liquiditätsfalle*. Wenn die Marktteilnehmer für die Zukunft steigende Zinsen erwarten (oder wenn sie kein Vertrauen mehr in die Schuldner haben), so besteht die Gefahr, dass sie jedes zusätzliche Geldangebot sofort für Spekulationszwecke horten. Expansive Geldpolitik führt dann – trotz hoher Liquidität auf den Finanzmärkten – noch nicht einmal zu Zinssenkungen.

Wir sehen also: Geldpolitik ist im Kern Suggestivpolitik. Ihre konjunkturelle Wirksamkeit ist alles andere als sicher.

Die Zwei-Säulen-Strategie der EZB

Die EZB folgt bei ihrer Geldpolitik im Prinzip der Linie der *Monetaristen*, die den fallweisen Einsatz der Geld- (und Fiskal-)politik zum Zweck der Konjunkturbeeinflussung für schädlich halten. Ursache von Inflation ist nach deren Ansicht letztlich immer ein übermäßiges Geldmengenwachstum. Deshalb versucht die EZB, die Preisstabilität durch eine gezielte Steuerung der Geldmenge sicherzustellen: Grob gesagt, ist sie bestrebt, die Geldmenge M3 im Vergleich zur Gütermenge angemessen wachsen zu lassen und gleichzeitig knapp zu halten. Dieses Konzept wird auch als *Geldmengensteuerung* bzw. potenzialorientierte Geldpolitik bezeichnet.

Dabei geht die EZB wie folgt vor: Zunächst definiert sie das Ziel der *Preisstabilität*. Preisstabilität ist demnach gegeben, wenn die Zunahme des „Harmonisierten Verbraucherpreisindex (HVPI)", also der durchschnittliche Preisanstieg in den Ländern des Eurosystems, maximal zwei

Prozent gegenüber dem Vorjahr beträgt. Daraufhin formuliert die EZB ihre Erwartungen für das Wachstum des realen Bruttoinlandsprodukts und der (mittelfristigen) Änderung der Umlaufgeschwindigkeit des Geldes. Hieraus lässt sich nach der Quantitätsgleichung die angestrebte Expansion der Geldmenge ableiten:

> Angestrebtes Wachstum der Geldmenge M3 (Beispiel: +4,5%)
>
> =
>
> maximal tolerierter Preisniveauanstieg (Beispiel: +2%)
>
> +
>
> erwartetes Wachstum des realen Bruttoinlandsprodukts (Beispiel: +1,5%)
>
> –
>
> geschätzte Veränderung der Umlaufgeschwindigkeit (Beispiel: –1%)

Die von der EZB vorgegebene Zielmarke für die jahresdurchschnittliche Expansion der Geldmenge M3 beträgt seit 1999 unverändert 4,5 Prozent. Dabei handelt es sich um einen *Referenzwert*. Diese Bezeichnung rührt daher, dass diese Größe keinen bindenden Charakter hat. Die EZB braucht etwa gegen eine zu starke Zunahme der Geldmenge nicht einzuschreiten, wenn sie die Preisstabilität nicht gefährdet sieht. Anders als früher die Deutsche Bundesbank verfolgt die EZB nämlich eine sogenannte *Zwei-Säulen-Strategie*. Sie besteht erstens aus einer wirtschaftlichen und zweitens einer monetären Analyse-Säule.

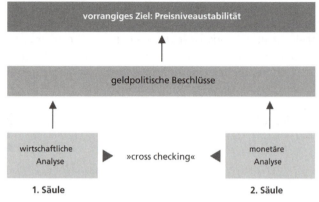

Die Zwei-Säulen-Strategie der EZB

▶ Die *wirtschaftliche Analyse* berücksichtigt kurz – bis mittelfristige Einflussfaktoren auf die Inflationsrate. Hier stehen realwirtschaftliche Größen, etwa die Entwicklung der Löhne, Ölpreise, Wechselkurse oder der allgemeinen konjunkturellen Situation im Vordergrund.

▶ Die *monetäre Analyse* hingegen hat die mittel- bis langfristigen Risiken für die Preisstabilität im Blick. Neben der Entwicklung der Geldmenge M3 werden in der monetären Analyse unter anderem auch die Zusammensetzung der Geldmenge und die Ursachen der Geldmengenexpansion näher untersucht.

Schließlich folgt eine wechselseitige Abgleichung („cross checking") beider Analysen, bevor ein geldpolitischer Beschluss – beispielsweise in Form einer Anhebung des Refi-Satzes – gefasst wird.

Geldpolitische Maßnahmen der Zentralbank benötigen – wie andere wirtschaftspolitische Instrumente auch – eine gewisse Zeit, bis sie wirken. Dabei ist zu unterscheiden, ob es sich um Auswirkungen auf die gesamtwirtschaftliche Produktion (das reale Bruttoinlandsprodukt) oder um Effekte auf das gesamtwirtschaftliche Preisniveau handelt.

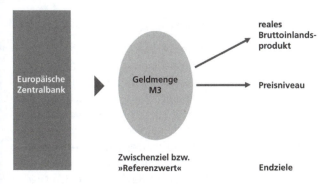

Das Prinzip der Geldmengensteuerung

In empirischen Untersuchungen für verschiedene Länder hat man festgestellt, dass die Wirkungen, die von einer Zinssatzänderung durch die Zentralbank auf die Realwirtschaft ausgehen, nach rund *einem Jahr* ihren Höhepunkt erreichen. Natürlich hängt dies im Einzelfall auch von der konjunkturellen Situation ab: In Zeiten der Unterauslastung wird die reale Produktion kurzfristig vermutlich spürbar zunehmen. Hingegen dürfte eine expansive Geldpolitik bei ausgelasteten Kapazitäten rasch in höheren Inflationsraten münden.

Der Zeitraum zwischen einer Veränderung der Geldmenge und der Änderung des Preisniveaus wird von Wissenschaftlern mit durchschnittlich etwa *zwei Jahren* angegeben. Nach Analysen der Deutschen Bundesbank – bezogen auf Deutschland – ist der Zusammenhang zwischen Geldmenge und Preisniveau dann aber sehr eng. Dies und die Existenz der doch erheblichen Wirkungsverzögerungen sprechen dafür, dass sich die Geldmenge stetig entwickeln soll.

Auf den Punkt gebracht

Durch die Zinssetzung am Geldmarkt beeinflusst die Zentralbank die Finanzierungsbedingungen auch an den anderen monetären Märkten (Bankkreditmarkt und Bankeinlagenmarkt, Kapitalmarkt). Dies wirkt sich auf die Güternachfrage und damit letztlich auf die wirtschaftspolitischen Zielgrößen, das Preisniveau und die Beschäftigung, aus. Die primäre Aufgabenstellung der Europäischen Zentralbank besteht – anders als etwa im Falle der amerikanischen Federal Reserve Bank – darin, den Geldwert zu sichern. Um dies zu erreichen, muss die EZB dafür sorgen, dass der Geldbereich der Volkswirtschaft im Einklang mit dem Güterbereich expandiert. Dadurch versucht sie, sowohl Inflation als auch Deflation zu vermeiden.

Internationale Wirtschaft

Deutschland ist neben China und den USA die weltweit führende Handelsnation, was natürlich auch eine starke Abhängigkeit von der Weltwirtschaft bedeutet. Der Anteil der Exporte und der Importe von Waren und Dienstleistungen am deutschen Bruttoinlandsprodukt betrug 2008 rund 47 Prozent (Exportquote) bzw. 39 Prozent (Importquote)!

Warum Außenhandel sich lohnt

Aber aus welchem Grund importieren wir eigentlich Güter, die wir auch im eigenen Land herstellen können? Die Erklärung für die Vorteilhaftigkeit des internationalen Handels lieferte schon vor 200 Jahren der berühmte englische Nationalökonom David Ricardo (1772–1823) mit seiner *Theorie der komparativen Kostenvorteile*. Deren Grundaussage lautet:

> Wenn sich jedes Land auf die Produktion der Güter spezialisiert, die es, verglichen mit den anderen Ländern, besonders effizient herstellen kann, so wird sich die Gesamtproduktion bei allen Gütern erhöhen. Durch den anschließenden internationalen Austausch steigt die Güterversorgung und damit der Wohlstand in der Gesamtheit der beteiligten Länder.

Theoretisch erscheint dieses Rezept zweifellos faszinierend einfach. Allerdings stellt es in der Praxis hohe Anforderungen an die beteiligten Volkswirtschaften und deren

Unternehmen. Denn die notwendigen Strukturanpassun-
gen sind unter Umständen schmerzhaft und können zu
länger andauernder „struktureller" Arbeitslosigkeit führen.

Globalisierung – Pro und Contra

Internationaler Handel bringt Vorteile in Form von niedri-
geren Preisen, besserem Service und größerem Produktan-
gebot. Aber viele Menschen haben Angst vor dem damit
verbundenen globalen Wettbewerb. Im Folgenden seien
deshalb fünf häufiger diskutierte *Aussagen zur Globalisierung* untersucht.

▸ Erste Aussage: Die billigen Arbeitskräfte in anderen Ländern nehmen uns die Arbeitsplätze weg und lassen bei
  uns die Löhne sinken.

Tatsächlich können in Korea oder Tschechien bestimmte
Produkte billiger hergestellt werden. Typischerweise handelt es sich um Güter, bei deren Produktion der Faktor
Arbeit stark genutzt wird. Und eine Arbeitsstunde kostet
in diesen Ländern viel weniger als in Deutschland. Dadurch
gehen bei uns Arbeitsplätze verloren und der Druck auf
die Löhne für einfache Arbeit nimmt in den westlichen
Ländern zu. Die Arbeitnehmer in Ländern mit niedrigem
Lohnniveau und geringerem industriellen Entwicklungs-
stand können davon profitieren. Andererseits hat Deutschland Vorteile bei Gütern, deren Herstellung viel Kapital erfordert. Die Wirtschaftspolitik muss die Voraussetzungen
dafür schaffen, dass die freigesetzten Arbeiter in solchen
Bereichen beschäftigt werden können.

▶ Zweite Aussage: Durch den internationalen Standort-
   wettbewerb kommt es zu einem allgemeinen Rückgang
   der Sozial- und Umweltstandards sowie der Löhne.

Im Wettbewerb um Unternehmensinvestitionen sind nicht
alleine die Höhe der Sozialabgaben, Steuern und Löhne
oder die Kosten für die Erfüllung umweltpolitischer Auflagen entscheidend. Eine große Rolle spielen daneben
unter anderem der Ausbildungsstand der Arbeitnehmer,
die Qualität der Infrastruktur (Straßen, Stromversorgung,
Verwaltung etc.) oder die Stabilität des politischen und
sozialen Umfelds. Nachteile bei den Kosten können dadurch ausgeglichen werden.

▶ Dritte Aussage: Globalisierung führt dazu, dass die Entwicklungsländer ausgebeutet werden.

Es heißt, die Entwicklungsländer seien unter anderem deshalb arm, weil sie für ihre Produkte auf dem Weltmarkt
real immer weniger erlösen. Das ist aber nicht generell
zutreffend. Das Tauschverhältnis von Ex- und Importen
(*Terms of Trade*) hat sich in den letzten hundert Jahren
insgesamt zugunsten der Dritten Welt verändert. Ursache
ist die gestiegene Arbeitsproduktivität in den Industriena-
tionen. Dadurch werden Industrieprodukte im Verhältnis zu
Agrarprodukten billiger. Außerdem verteilt Globalisierung
den weltweiten Zuwachs an Einkommen um. Wenn etwa
Mobilfunkanbieter ihre Produktion aus Deutschland nach
Rumänien oder Indien verlagern, so verhilft dies den är-
meren Menschen dort zu einem höheren Lebensstandard.
Ein großes Problem ist hingegen im Agrarprotektionismus
der Industrieländer zu sehen.

▶ Vierte Aussage: Globalisierung hat riesige Wanderungs-
   bewegungen von Arbeitskräften zur Folge.

Kapital ist international mobil. Für den Faktor Arbeit gilt
das weniger. Unter anderem wirken hier Aspekte wie Hei-
matverbundenheit oder Sprachunterschiede mobilitäts-
hemmend. Vorstellbar (und teilweise schon Realität) ist
indes, dass eine anhaltende Verschärfung der globalen
Einkommensunterschiede die Migration (Wanderungen)
verstärkt. Dies unterstreicht die Notwendigkeit von Ent-
wicklungshilfe: Entweder das Kapital kommt zu den Menschen oder die Menschen kommen zum Kapital.

▶ Fünfte Aussage: Man sollte die Industrie vor ausländischer Konkurrenz schützen.

Nicht wenige Länder versuchen, durch Zölle oder Einfuhr-
quoten Importe abzuwehren. Man spricht von *Protektio-
nismus*. Das birgt die Gefahr, dass die anderen Nationen
ebenfalls Importrestriktionen einführen („Wie du mir, so
ich dir"). Wenn man Ländern der Dritten Welt den Zugang
zu den Märkten der Industriestaaten verwehrt, so wird
dort die Not noch größer. Kinderarbeit, soziale Missstände
und Umweltzerstörung lassen sich nur dadurch bekämpfen, dass der materielle Wohlstand eines Landes steigt.
Hierfür aber ist die Beteiligung am Welthandel notwendig.

Die Weltbank und der IWF

Die Kritik aus dem Lager der Globalisierungsgegner ent-
zündet sich häufig an supranationalen Institutionen wie
der Weltbank und dem Internationalen Währungsfonds.
Deren Gründung wurde 1944 auf der Währungs- und Fi-

nanzkonferenz der Vereinten Nationen in Bretton Woods (New Hampshire) beschlossen; 1945 (IWF) bzw. 1946 (Weltbank) nahmen sie ihre Tätigkeit in Washington auf.

Die zentrale Aufgabe der *Internationalen Bank für Wiederaufbau und Entwicklung* (International Bank for Reconstruction and Development – IBRD), kurz *Weltbank* genannt, liegt in der Entwicklungspolitik. Ihre „Kunden" sind – übrigens ebenso wie beim IWF – ausschließlich Entwicklungs-, Schwellen- und Transformationsländer. Die Weltbank vergibt langfristige Darlehen an Regierungen, die die Gelder für Projekte zur Verbesserung der wirtschaftlichen Entwicklung ihres Landes verwenden müssen. Da die Weltbank höchst Bonität genießt, werden ihr an den Kapitalmärkten die günstigsten Konditionen eingeräumt, die sie an ihre Schuldner weiterreicht. Damit ermöglicht die Weltbank Projekte, die den betreffenden Ländern sonst verschlossen blieben. Handelte es sich dabei ursprünglich um große Investitionen in die Infrastruktur (Staudämme, Straßen, Schienenwege etc.) und die Industrie (Stahlwerke etc.), so reichen die finanzierten Vorhaben heute von der Aufbereitung sauberen Trinkwassers bis zur Gleichstellung der Frau. Das zeigt auch, dass die traditionellen Ansätze der Entwicklungspolitik nicht die gewünschten Erfolge gebracht haben.

Die Weltbank mit ihren derzeit 187 Mitgliedern ist das Spitzeninstitut der *Weltbankgruppe*. Zu ihr gehören weitere in Washington ansässige Institutionen:

▸ Die Internationale Entwicklungsorganisation (IDA), gegründet 1960, hilft besonders armen Entwicklungsländern mit zinslosen Krediten.

▸ Die 1956 gegründete Internationale Finanz-Corporation (IFC) unterstützt private Unternehmen in Entwicklungsländern durch Kreditvergabe und Beteiligungsübernahme.

▸ Die Multilaterale Investitionsgarantieagentur (MIGA) wurde 1988 gegründet, um ausländische Direktinvestitionen in Entwicklungsländern zu fördern.

▸ Das Internationale Zentrum zur Beilegung von Investitionsstreitigkeiten (ICSID) existiert seit 1966.

Der *Internationale Währungsfonds, IWF* (International Monetary Fund, IMF) liegt nur einen Häuserblock von der Weltbank entfernt. Er hat zurzeit 187 Mitgliedsländer. Seine vorrangigen *Aufgaben* liegen in

▸ Der Förderung der internationalen Zusammenarbeit auf dem Gebiet der Währungspolitik,

▸ Der Unterstützung des Wachstums des Welthandels sowie insbesondere

▸ Der Vergabe finanzieller Mittel an Mitgliedsländer zur Überwindung von Zahlungsbilanzproblemen.

Der IWF ist im Prinzip ein *Devisenpool*, also ein Topf, in den die Mitgliedstaaten Beträge ihrer nationalen Währung einzahlen, die dann im Bedarfsfall an einzelne Mitglieder ausgeliehen werden können. Der IWF ähnelt damit einer Kreditgenossenschaft; er ist – entgegen der landläufigen Meinung – keine Zentralbank, die Geld schaffen kann. (Eine Ausnahme bildet die mögliche Schaffung von Sonderziehungsrechten, siehe unten). Im Einzelnen funktioniert das System IWF folgendermaßen: Jedes Mitglied muss Zahlungen an den Fonds gemäß einer bestimmten *Quote*

leisten, deren Höhe sich vor allem nach seinem Inlandsprodukt, seinem Anteil am Welthandel und seinen Wäh-
rungsreserven richtet. Im Rahmen der so geschaffenen
Reserveposition hat das IWF-Mitgliedsland jederzeit und
ohne Auflage das Recht, IWF-Mittel in Anspruch zu nehmen. Es handelt sich hierbei um keine Kreditaufnahme.
Darüber hinaus stehen jedem Mitglied normale (in Höhe
der Quote) und (über die Quote hinaus, in bestimmten
Problemsituationen) spezielle Kreditmöglichkeiten – Fach-
leute sprechen von „Fazilitäten" – zur Verfügung. Allerdings sind diese „Ziehungen" für die Empfängerländer an
teilweise scharfe wirtschaftspolitische Auflagen geknüpft.
Dabei wird in der Regel die Umsetzung eines makroökono-
mischen Stabilisierungsprogramms verlang: Rückführung
des Staatsdefizits, Abbau von Subventionen, Inflations-
bekämpfung durch restriktive Geldpolitik, Liberalisierung
der Finanzmärkte (Freigabe der Zinsen) und des Außen-
handels, Abwertung der Währung und Ähnliches mehr.

> Es ist vor allem diese Politik der Konditionalität – man
> spricht auch von der Auflagenpolitik – auf die sich die
> Kritik am IWF richtet. **!**

Am Ende dieses Abschnitts sei noch kurz auf die oben erwähnten *Sonderziehungsrechte* eingegangen: Die 1967
von den IWF-Mitgliedern geschaffenen Sonderungszie-
hungsrechte SZR (Special Drawing Rights – SDR) sind eine
Art künstlicher Reservewährung, mit deren Hilfe Liquidi-
tätsengpässe im internationalen Handel verhindert werden
sollen. Die SZR sind ein Währungskorb, der sich aus Dollar, Euro, japanischem Yen und britischem Pfund zusam-

mensetzt. Sie werden den IWF-Mitgliedsländern analog zu ihrer Quote zugeteilt (alle fünf Jahre wird festgesetzt, wie viele SZR geschaffen werden sollen) und begründen das Recht, die SZR jederzeit gegen benötigte Währungen zu verkaufen. Somit besteht für die Mitglieder des SZR-Systems die Verpflichtung, jederzeit SZR anderer Teilnehmer – bis zu einer bestimmten Obergrenze – gegen eigene Währung anzukaufen.

Wie die Welt zusammenhängt

Die weiteren Überlegungen sollen den Leser in die Lage versetzen, die Verflechtungen der Weltwirtschaft besser zu verstehen. Zu diesem Zweck sei der sogenannte „Zwei-Länder-Fall" betrachtet, das heißt, es gibt das Inland und das Ausland als „Rest der Welt".

Der internationale Wirtschaftszusammenhang

Beide Länder verfügen über jeweils individuelle wirtschaftliche Rahmenbedingungen in Form von Bodenschätzen, Ausbildung und Mentalität der Menschen, klimatischen Besonderheiten etc. Auch verfolgen In- und Ausland eine jeweils eigene Wirtschaftspolitik. Zusammen genommen ergibt sich daraus eine bestimmte wirtschaftliche Entwicklung. Sie schlägt sich zum einen in der Höhe des (Volks-)Einkommens nieder. Dieses entspricht – grob gesprochen – dem Inlandsprodukt, bei dessen Erstellung es entsteht, und es ist eng an die Höhe der Beschäftigung gekoppelt. Bedeutende Indikatoren der Wirtschaftsentwicklung sind daneben die (Güter-)Preise und die Zinsen.

> Unterschiede zwischen dem Niveau bzw. der Entwicklung der genannten ökonomischen Größen lösen grenzüberschreitende Transaktionen aus, die in den Zahlungsbilanzen der beteiligten Länder erfasst werden.

Gütertransaktionen

Wenn also beispielsweise im Inland Inflation entsteht, so wird die Nachfrage nach Gütern des preisstabilen Auslands zunehmen. Dieser Import wird in der Leistungsbilanz des Inlands, der entsprechende Export des Auslands wird in der Leistungsbilanz des Auslands verbucht.

Finanztransaktionen

Grenzüberschreitende Geldanlagen und Kredite, die beispielsweise infolge unterschiedlicher Zinsniveaus zwischen dem In- und Ausland entstehen, werden in den Kapitalbilanzen der beteiligten Länder registriert.

Die erwähnten Güter- und Finanztransaktionen werden auf dem *Devisenmarkt* „umgesetzt": In unserem Beispiel muss für die Bezahlung der Importe die inländische Währung in die Währung des Auslandes getauscht werden. Aus dem

Verhältnis von Devisennachfrage und Devisenangebot ergibt sich der Wechselkurs. Er ist als weitere wichtige Größe anzusehen. Denn Wechselkursänderungen beeinflussen
ihrerseits den Umfang und die Richtung der internationalen Wirtschaftstransaktionen: Wenn im Beispiel die Aus-
landswährung aufwertet, so werden die ausländischen
Produkte aus der Sicht des Inlands teurer, woraufhin die
Importnachfrage sinkt. Ein vorher (durch gestiegene Importe) entstandenes Defizit in der Leistungsbilanz wird
dadurch wieder ausgeglichen. Man nennt das den *Aus-
gleichsmechanismus flexibler Wechselkurse*.

Grenzüberschreitende Übertragungs-effekte

Aufgrund der Verflechtung durch Güter- und Finanztransaktionen sind die nationalen Volkswirtschaften in hohem
Maß voneinander abhängig.

▸ Was passiert beispielsweise bei einem Konjunkturaufschwung im Ausland?

Produktion und Einkommen im Ausland steigen und da-
mit erhöhen sich – entsprechend der Importquote (Anteil
der Importe am BIP) – auch die ausländischen Einfuhren.
Aus Sicht des Inlands nehmen also die Exporte zu („Zwei-
Länder-Fall"), was sich positiv auf die Produktion und das
Volkseinkommen des Inlands auswirkt. Man spricht vom
internationalen Konjunkturzusammenhang bzw. von der
„Lokomotivtheorie".

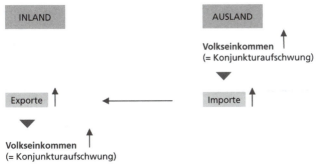

Internationaler Konjunkturzusammenhang

> Der internationale Konjunkturzusammenhang bildet das Motiv für die (regelmäßig von Ländern mit hoher Arbeitslosigkeit erhobene) Forderung, dass „große" Länder wie die USA oder Deutschland in Zeiten einer globalen Rezession durch expansive konjunkturpolitische Maßnahmen eine Art „Lokomotivfunktion" übernehmen sollen.

▸ Welche grenzüberschreitende Wirkung geht von einem Anstieg des ausländischen Preisniveaus aus?

Für das Inland werden dadurch – bei unverändertem Wechselkurs – die Importe teurer. Dies erzeugt im Inland einen Kostendruck, wenn es sich bei den im Preis gestiegenen Importwaren um Rohstoffe oder Vorprodukte handelt. Umgekehrt werden die inländischen Exporteure im Ausland höhere Preise durchsetzen können. Sofern diese Güter auch im Inland angeboten werden, werden auch deren Preise steigen. Der dadurch insgesamt ausgelöste Anstieg der Verbraucherpreise führt außerdem zu höheren Lohnforderungen, was für die Unternehmen wiederum steigende Kosten bedeutet (Lohn-Preis-Spirale). Insgesamt ergibt sich, dass der Preisauftrieb im Ausland auf das allgemeine Preisniveau im Inland übergreift.

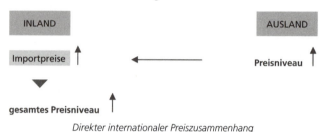

Direkter internationaler Preiszusammenhang

> **!** Der beschriebene Übertragungsvorgang heißt direkter internationaler Preiszusammenhang. Er bildet einen wichtigen Kanal der sogenannten importierten Inflation.

▸ Wie wirken sich steigende Auslandszinsen im Inland aus?

Inländische Geldanleger werden verstärkt höher verzinsliche ausländische Vermögenstitel erwerben, das heißt sie exportieren Kapital. Die ausländischen Kapitalnehmer werden auch gerne bereit sein, dieses Kapital aufzunehmen (zu importieren), da es ja zu günstigeren Konditionen als im eigenen Land erhältlich ist. Man bezeichnet derartige Vorgänge auf den internationalen Finanzmärkten als „Zinsarbitrage". Dadurch steigt im Inland die Kapitalnachfrage (während im Ausland das Kapitalangebot zunimmt). Infolgedessen werden die Zinsen im Inland nach oben (und im Ausland nach unten) tendieren. Das bedeutet offenbar, dass sich der ursprüngliche Zinsanstieg im Ausland auf das Zinsniveau im Inland überträgt. Man spricht vom *direkten internationalen Zinszusammenhang*.

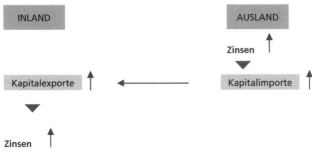

Direkter internationaler Zinszusammenhang

Neben der beschriebenen Zinsarbitrage hat das Motiv der *Spekulation* eine große Bedeutung für internationale Kapitalbewegungen. Spekulation heißt immer, dass in Erwartung einer bestimmten Marktentwicklung vor allem Wertpapiere und Devisen, aber auch Rohstoffe, gekauft bzw. verkauft werden. Da oft immense Geldsummen eingesetzt werden, kann es durch Spekulation zu erheblichen Schwankungen der Preise dieser Handelsobjekte, namentlich der Wertpapier- oder Devisenkurse, kommen. Dies birgt nicht geringe Gefahren für die Stabilität des internationalen Finanzsystems.

Alles in allem bringt die enge internationale Kapitalverflechtung eine starke Abhängigkeit der nationalen Finanzmärkte mit sich. Die Finanz- und Wirtschaftskrise 2008/09 lieferte hierzu gutes Anschauungsmaterial.

Die Wirkung einer Wechselkursänderung

Da es (noch) keine Weltwährung gibt, ist bei grenzüberschreitenden Zahlungen oft ein Umtausch von heimischer
in ausländische Währungen (und umgekehrt) erforderlich.

Wechselkurs

*Der Preis, zu dem zwei Währungen ausgetauscht werden, ist
der (nominale) Wechselkurs. Man kann den Wechselkurs von
zwei Seiten betrachten. Der Wechselkurs in Preisnotierung
(z. B. Euro pro Dollar) gibt an, wie hoch der Preis einer fremden Währung gemessen in der heimischen Währung ist. Umgekehrt gibt der Wechselkurs in Mengennotierung (z. B. Dollar
pro Euro) an, welche Menge der fremden Währung man für
einen Euro erhält bzw. zahlen muss. Verteuert sich eine Währung, spricht man von einer Aufwertung, verbilligt sie sich, bezeichnet man dies als Abwertung.*

Abwertung des Euro

*Angenommen der Preis bzw. Kurs des US-Dollar beträgt
0,8 Euro pro Dollar und steigt auf 1 Euro, so bedeutet das
eine Aufwertung des Dollar gegenüber dem Euro um 25
Prozent. Dem entspricht umgekehrt ein Rückgang des in
Dollar gemessenen Eurokurses von 1,25 Dollar pro Euro
(Kehrwert von 0,8 Euro pro Dollar) auf 1 Dollar, mithin eine
Abwertung des Euro gegenüber dem Dollar um 20 Prozent.*

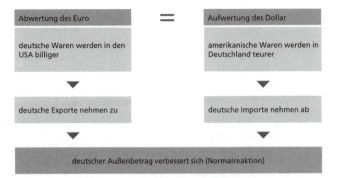

Wirkung einer Euro-Abwertung

Im Beispiel werden die deutschen Exporte in die USA, in Dollar gerechnet, um 20 Prozent billiger. Die deutschen Exporteure können daraufhin eine größere Menge absetzen, eventuell zu einem höheren Preis in Euro, sodass der Exportwert (Menge mal Preis) zunimmt. Andererseits werden die amerikanischen Waren, in Euro gerechnet, um 25 Prozent teurer. Dadurch sinken die deutschen Importe. Wenn der Mengenrückgang größer ausfällt als der Anstieg der Importpreise, wird der Importwert abnehmen. Insgesamt verbessert sich der deutsche Außenbeitrag (Exportwert minus Importwert) infolge der Euroabwertung. Man nennt dies eine *normale Reaktion*.

Abwertungen werden aus Sicht der Exportwirtschaft begrüßt, da sie die internationale Wettbewerbsfähigkeit (zunächst) verbessern.

Staaten greifen gelegentlich auf Abwertungen als Konjunktur fördernde Maßnahme zurück. Allerdings sind Abwertungen mit gravierenden *Nachteilen* verbunden:

▸ Eine Abwertung bedeutet für das betreffende Land eine Erhöhung der Importpreise. Dadurch sinkt das *kaufkraftmäßige Volkseinkommen* der Bevölkerung.

▸ Wenn außerdem die Importeure ihre Nachfrage nicht sofort einschränken – etwa aufgrund langfristiger Lieferverträge – so nimmt der Importwert zu. Im Ergebnis kann es vorübergehend zu einer weiteren Verschlechterung des Außenbeitrags kommen *(anomale Reaktion)*.

▸ Des Weiteren ist zu bedenken, dass die abwertungsbedingte Verteuerung der importierten Güter einen Anstieg des gesamten inländischen Preisniveaus in Gang setzen kann. Dadurch wird die internationale Wettbewerbsposition des Landes nachhaltig geschwächt.

▸ Schließlich sind mögliche Konfliktgefahren mit dem Ausland zu beachten. Eine Förderung der inländischen Wettbewerbsfähigkeit geht immer auf Kosten der ausländischen Handelspartner. Man bezeichnet dies als *Beggar my Neighbour-Policy* (Politik, die meinen Nachbarn zum Bettler macht).

Das internationale Währungssystem

Wechselkurse ergeben sich aus dem Zusammenspiel von Angebot und Nachfrage am *Devisenmarkt*.

Wie entstehen Devisenangebot und -nachfrage?

Nehmen wir als Beispiel die Wirtschaftsbeziehungen zwischen Deutschland und den USA, so resultiert ein Teil des Dollarangebots zweifellos aus den Einnahmen deutscher Ex-

porteure. *Die Lieferanten aus Deutschland bzw. deren Banken wollen die erhaltenen Dollar in Euro umtauschen. Auch wenn die Exportrechnung nicht auf Dollar lautet, sondern auf Euro, kommt es zu einem Dollarangebot. Nur bieten dann nicht die deutschen Exporteure, sondern die amerikanischen Importeure (bzw. deren Banken) Dollar an, um sich die benötigten Euro zu beschaffen. Die Dollarnachfrage resultiert teilweise aus den Ausgaben deutscher Importeure. Die Abnehmer in Deutschland brauchen Dollar zur Bezahlung ihrer Importrechnung. Soweit auch bei Importen in Euro fakturiert wird, fragen nicht die deutschen Importeure, sondern die amerikanischen Exporteure Dollar nach (mit den erhaltenen Euro können sie ja in Amerika nichts anfangen).*

Man kann das Angebot und die Nachfrage von Dollar in Abhängigkeit vom Wechselkurs darstellen.

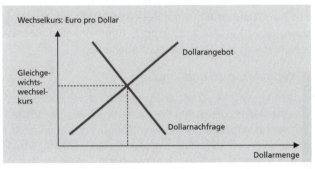

Angebot und Nachfrage auf dem Devisenmarkt

Für die Ableitung der Angebots- und Nachfragekurve können wir auf die vorne angestellten Überlegungen zu den Wirkungen einer Wechselkursänderung zurückgreifen: Bei einer Euroabwertung (Dollaraufwertung) nehmen die deutschen Exporte in die USA zu, sodass das Dollarangebot steigt. Die Angebotskurve verläuft also von links unten nach rechts oben. Andererseits nehmen mit steigendem Wechselkurs die deutschen Importe aus den USA ab, sodass die Dollarnachfrage sinkt. Die Nachfragekurve am Devisenmarkt verläuft mithin von rechts unten nach links oben. Im Schnittpunkt von Angebot und Nachfrage ergibt sich der Gleichgewichtswechselkurs. Bei diesem Kurs sind das Angebot an und die Nachfrage nach der ausländischen Währung (Dollar) gleich groß.

Allerdings ist die bisherige Betrachtung noch nicht vollständig. Denn es wurden lediglich die Güterexporte und Güterimporte als Bestimmungsgründe für das Dollarangebot und die Dollarnachfrage herangezogen. Für den weitaus größeren Teil des Devisenaufkommens zeichnen indes Finanztransaktionen verantwortlich. Im Schaubild äußern sich Kapitalimporte in einer Rechtsverschiebung der Devisenangebotskurve. Kapitalexporte führen zu einer Rechtsverschiebung der Devisennachfragekurve.

Kapitalexporte und -importe

Wenn etwa amerikanische Anleger auf Euro lautende Wertpapiere eines deutschen Unternehmens erwerben, so stellt dies aus deutscher Sicht einen (positiven) Kapitalimport dar. Damit ist eine Zunahme des Dollarangebots verbunden. Umgekehrt bildet der Erwerb von auf Dollar lautenden Wertpapieren durch deutsche Anleger aus deutscher Sicht einen (positiven) Kapitalexport, der zu einer erhöhten Dollarnachfrage führt.

Auf Basis dieser Darstellung des Devisenmarktes lassen sich nun die verschiedenen *Typen internationaler Währungssysteme* identifizieren:

▸ In einem Währungssystem mit *frei flexiblen Wechselkursen* bildet sich der Devisenkurs völlig ungehindert aus Angebot und Nachfrage der Marktteilnehmer. Dieser

▸ idealtypische Fall ist in der Realität selten anzutreffen.

▸ Bei Währungssystemen mit *stufenflexiblen Wechselkursen* (anpassungsfähigen Festkursen) werden jeweils bestimmte Währungsrelationen festgelegt, die aber fallweise in gegenseitigem Einverständnis geändert werden können. Die Marktkurse dürfen von diesen „Leit- oder Paritätskursen" in gewissem Umfang abweichen. Bei Erreichen des Höchst- oder Niedrigstkurses sind die Zentralbanken verpflichtet einzugreifen. Prominentes Beispiel dafür war das 1979 bis 1998 gültige Europäische Währungssystem (EWS) und ist das heutige EWS II.

▸ In einem System *fester Wechselkurse* ist der Wechselkurs unwiderruflich fixiert bzw. darf er nur innerhalb einer sehr engen Bandbreite schwanken. Beispiele für ein Festkurssystem waren das vor dem Ersten Weltkrieg (und teilweise danach) praktizierte System der Goldwährung sowie das 1944 eingerichtete und bis 1973 gültige System von Bretton Woods.

▸ Gibt es keinerlei Schwankungsbreite und ist der Kapitalverkehr völlig frei, spricht man von einer *Wechselkursunion*. Diese ist die Vorstufe zu einer *Währungsunion*, in der nur noch eine gemeinsame Währung existiert. Seit 2002 ist dieses System in der Europäischen Währungsunion (EWU) verwirklicht. Das Funktionieren einer Währungsunion setzt ein hohes Maß an wirtschaftlichem Gleichlauf (Konvergenz) voraus. Bei finanziellen Problemen eines Mitgliedslandes gibt es hier nur drei Möglichkeiten: die interne Anpassung durch ein Sparprogramm, die Finanzierung durch andere Teilnehmerstaaten bzw. die Zentralbank oder die externe Anpassung dadurch, dass das Problemland die Währungsunion verlässt und seine nationale Währung abwertet.

Auf den Punkt gebracht

Internationaler Handel ermöglicht ein hohes Maß an weltweiter Arbeitsteilung mit den Vorteilen der Spezialisierung. Dadurch steigt die Weltproduktion. Gleichzeitig intensiviert sich indes der globale Wettbewerb. Die internationale Verflechtung führt außerdem zu einer verstärkten Abhängigkeit der einzelnen Volkswirtschaften untereinander. Durch grenzüberschreitende Güter- und Finanztransaktionen verursachte Verschiebungen des Wechselkursgefüges können die internationale Konkurrenzposition von Ländern und auch deren binnenwirtschaftliche Entwicklung gravierend beeinflussen. Insofern kommt der Wahl der internationalen Geldordnung, das heißt des Währungssystems, entscheidende Bedeutung zu.

Glossar

Angebotsökonomik

Wirtschaftstheoretischer bzw. -politischer Ansatz, der die Bedeutung des gesamtwirtschaftlichen Angebots für die Funktionsweise der modernen Marktwirtschaft hervorhebt. Die Vertreter der Angebotsökonomik plädieren für einen Rückzug des Staats aus der Wirtschaft.

Arbeitslosengeld I

In Deutschland seit Anfang 2005 anstelle des bis dahin gezahlten Arbeitslosengelds gewährte Lohnersatzleistung im Rahmen der Arbeitslosenversicherung in Höhe von 60 bis 67 Prozent des letzten Nettoarbeitsentgelts. Die Bezugsdauer beträgt zwischen sechs und 12 Monaten, bei älteren Arbeitslosen bis zu 24 Monaten.

Arbeitslosengeld II

Umgangssprachlich als „Hartz IV" bezeichnete Grundsicherungsleistung des deutschen Staates für erwerbsfähige Hilfsbedürftige. Das Arbeitslosengeld II ist für Erwerbsfähige eine Zusammenlegung der bis dahin gezahlten Arbeitslosenhilfe und Sozialhilfe, wobei letztere für Nicht-Erwerbsfähige als Fürsorgeleistung weiterhin existiert.

Arbeitslosenquote

Wichtigste Kennzahl zur Beschreibung der aktuellen Arbeitsmarktsituation. Die Arbeitslosenquote wird in Deutschland definiert als Quotient aus der Zahl der registrierten Arbeitslosen und der Zahl der Erwerbspersonen in Prozent.

Außenbeitrag

Teil der Leistungsbilanz, welcher den wertmäßigen Saldo von Güterexporten und Güterimporten ausweist. Der Außenbeitrag zum Inlandprodukt entspricht dem Saldo der zusammengefassten Handels- und Dienstleistungsbilanz. Nach Hinzurechnung der grenzüberschreitenden Erwerbs- und Vermögenseinkommen entsteht der Außenbeitrag zum Sozialprodukt bzw. Nationaleinkommen.

Bruttoinlandsprodukt

Gesamtwert der innerhalb der Landesgrenzen erbrachten Wertschöpfung. Das Bruttoinlandsprodukt ist das wichtigste Maß für die ökonomische Leistung einer Volkswirtschaft. Seine reale Veränderung entspricht dem Wirtschaftswachstum.

Bruttonationaleinkommen

Das Bruttonationaleinkommen (früher: Bruttosozialprodukt) misst den Güterberg, der von inländischen Produktionsfaktoren erzeugt wurde, auch wenn die Herstellung im Ausland erfolgte. Man spricht deshalb auch vom „Inländerprodukt".

Derivate

Verbriefte oder unverbriefte Rechte, die sich auf den Börsen- oder Marktwert eines zugrunde liegenden Basisinstruments wie Aktien, Anleihen und Devisen beziehen. Der Preis eines Derivats ist von Zeitraum, Risiko und Kurswert dieser Basisgröße abhängig.

Devisen

Zahlungsmittel in ausländischer Währung in Form von Guthaben bei ausländischen Banken sowie an ausländischen Plätzen zahlbare Zahlungsanweisungen.

Disinflation

Rückgang der Inflationsrate. Eine Entwicklung, bei der das Preisniveau nach wie vor steigt, die Rate der Geldentwertung aber deutlich und nachhaltig abnimmt.

Euromarkt

Dabei handelt es sich um einen Markt für Fremdwährungsguthaben, die außerhalb des Landes, in welchem sie als gesetzliches Zahlungsmittel gelten, unterhalten werden. Nicht zu verwechseln mit dem Euro als Zahlungsmittel.

Gesundheitsfonds

2009 eingeführter Fonds, in den die Beiträge der gesetzlich Krankenversicherten (einschl. Arbeitgeberanteil) einbezahlt werden und aus dem dann die (einheitliche) Finanzierung der einzelnen Krankenkassen erfolgt.

Hedge-Fonds

Investmentfonds, die nur geringen bankrechtlichen Restriktionen unterliegen. Mit ihren spekulativen Anlagen in Wertpapiere, Devisen, Rohstoffe und Derivate versuchen sie, bei steigenden wie auch bei fallenden Kursen Gewinne zu erzielen.

Inflation

Anhaltender Anstieg des Preisniveaus, verbunden mit einem Rückgang der Kaufkraft des Geldes.

Internationaler Währungsfonds (IWF)

Wichtigste Aufgabe des 1944 gegründeten IWF ist die Kreditvergabe an Mitgliedsländer (derzeit 187) zur Finanzierung von Zahlungsbilanzdefiziten. Die IWF-Kredite sind für die Empfängerländer an teilweise scharfe wirtschaftspolitische Auflagen geknüpft (Konditionalität).

Kapitalbilanz

Teil der Zahlungsbilanz, der die Änderungen von Forderungen und Verbindlichkeiten der Inländer gegenüber dem Ausland ausweist.

Keynesianismus

Auf den britischen Nationalökonomen John Maynard Keynes (1883–1946) zurückgehende makroökonomische Theorie, die es – im Gegensatz zur Klassik – nahe legt, Konjunkturkrisen mit antizyklischen wirtschaftspolitischen Maßnahmen zu bekämpfen.

Klassik

Unter anderem auf den britischen Nationalökonomen Adam Smith (1723–1790) zurückgehende makroökonomische Theorie, nach der sich – im Gegensatz zum Keynesianismus – der Staat aus dem Wirtschaftsgeschehen heraushalten soll.

Leistungsbilanz

Teil der Zahlungsbilanz, welche die Güter- und laufenden Transferströme zuzüglich der unentgeltlichen Übertragungen von Sachgütern zwischen Inländern und dem Ausland ausweist.

Maastricht-Kriterien

Im Maastricht-Vertrag von 1992 (Vertrag über die EU) beschlossene Vorgaben (Konvergenzkriterien) für die Aufnahme von Ländern in die Europäische Währungsunion. Sie beziehen sich auf die Inflation, die Verschuldung und das Zinsniveau.

Monetarismus

Makroökonomische Theorie, deren Anhänger davon überzeugt sind, dass das marktwirtschaftliche System stabil ist, das heißt zur Vollbeschäftigung tendiert. Wie die Vertreter der Klassik lehnen auch Monetaristen Eingriffe in den Wirtschaftsprozess ab.

Nachfrageökonomik

Wirtschaftstheoretischer und politischer Ansatz, der auf der Basis des Keynesianismus die Bedeutung der Nachfrageseite einer Volkswirtschaft für die Entwicklung der Produktion, des Einkommens und der Beschäftigung herausstellt.

Ordnungspolitik

Umfasst alle wirtschaftspolitischen Maßnahmen und Aktivitäten, die darauf ausgerichtet sind, eine gewünschte Wirtschaftsordnung zu verwirklichen oder eine gültige Wirtschaftsordnung zu sichern und auszubauen. Wesentlicher Bereich ist die Wettbewerbspolitik, die sich insbesondere im Gesetz gegen Wettbewerbsbeschränkungen (GWB) manifestiert.

Private-Equity-Firmen

Sie beteiligen sich am Eigenkapital von Unternehmen oder übernehmen diese ganz, um die Anteile später mit Gewinn zu veräußern. Die hierfür aufgenommenen Kredite werden aus Mitteln des erworbenen Unternehmens getilgt.

Protektionismus

*Gesamtheit der Maßnahmen der Wirtschaftspolitik, insbeson-
dere der Außenwirtschaftspolitik, mit denen versucht wird, die
eigene Volkswirtschaft oder bestimmte heimische Wirtschaftszweige vor ausländischer Konkurrenz zu schützen.*

Sonderziehungsrechte

*Offizielle Rechnungseinheit des Internationalen Währungsfonds.
Die 1969 geschaffenen Sonderziehungsrechte (SZR) sind ein Währungskorb, der sich aus Dollar, japanischem Yen, britischem Pfund
und Euro zusammensetzt. Es handelt sich um eine künstliche Reservewährung des Weltwährungssystems, mit deren Hilfe Liquidi-
tätsengpässe der IWF-Mitgliedstaaten verhindert werden sollen.*

Soziale Marktwirtschaft

*Der Begriff wurde von Müller-Armack geprägt, die Grundidee
wird Ludwig Erhard zuerkannt. Sie ist das aus dem Neoliberalismus hervorgegangene wirtschaftspolitische Leitbild der Bundesrepublik Deutschland seit 1948 und verbindet ein Wettbe-
werbssystem mit der Idee der sozialen Gerechtigkeit.*

Stabilitäts- und Wachstumspakt

*Zwischen den EU-Staaten Ende 1996 geschlossener Vertrag. Der
2005 und 2011 reformierte Pakt sieht grundsätzlich Sanktionen
für diejenigen Teilnehmerländer der Europäischen Währungsunion vor, bei denen das Finanzierungsdefizit der öffentlichen
Haushalte die im Maastricht-Vertrag genannte Obergrenze von
3 Prozent des Bruttoinlandsprodukts (BIP) übersteigt. Bei Überschreitung dieser Grenze sind Sanktionsmaßnahmen vorgese-
hen. Allerdings besitzen Kommission und Finanzminister der EU
bei dieser Entscheidung einen Ermessensspielraum.*

Stagflation

Stagflation kennzeichnet eine gesamtwirtschaftliche Situation, in der das Preisniveau kontinuierlich ansteigt (Inflation), gleichzeitig aber die Produktion stagniert oder sogar zurückgeht und Arbeitslosigkeit herrscht (Stagnation).

Weltbank

Die seit 1946 tätige Weltbank (Internationale Bank für Wiederaufbau und Entwicklung, IBRD) hat 187 Mitgliedstaaten und leistet finanzielle und technische Hilfe an Entwicklungsländer. Zusammen mit ihren Tochterinstituten, der Internationalen Entwicklungsorganisation (IDA), der Internationalen Finanz-Corporation (IFC), der Multilateralen Investitionsagentur (MI-GA) und dem Internationalen Zentrum zur Beilegung von Investitionsstreitigkeiten (ICSID) bildet sie die „Weltbank-gruppe".

WTO

Die 1995 geschaffene Welthandelsorganisation (World Trade Organization) bildet, anders als das GATT, eine international rechtsfähige Institution der Vereinten Nationen (UN). Die WTO, der gegenwärtig 157 Mitglieder angehören, erfüllt über die Aufgaben des GATT hinaus wichtige zusätzliche Liberalisierungsaufgaben im Welthandel.

Stichwortverzeichnis

Der Autor

Prof. Dr. Herbert Sperber lehrt Volkswirtschaft sowie Bank- und Internationales Finanzmanagement an der Hochschule für Wirtschaft und Umwelt Nürtingen-Geislingen. Er leitet das Institut für Wirtschaft und Finanzen (www.iwf-ls.de). Professor Sperber ist Autor des bekannten Lehrbuchs „Wirtschaft verstehen". Das 2012 in vierter Auflage erschienene Werk bietet einen umfassenden und fundierten Einblick in das Themengebiet der Volkswirtschaftslehre.

Impressum:

Verlag C. H. Beck im Internet: www.beck.de

ISBN: 978-3-406-64078-0

© 2012 Verlag C. H. Beck oHG

Wilhelmstraße 9, 80801 München

Lektorat: variable-design, 72770 Reutlingen

Satz: Datagroup int. SRL, 300665 Timișoara, România

Umschlaggestaltung: Ralph Zimmermann – Bureau Parapluie

Umschlagbild: © www.hpunkt.de - Fotolia.com

Druck und Bindung: Beltz Bad Langensalza GmbH,

Neustädter Str. 1–4, 99947 Bad Langensalza

Gedruckt auf säurefreiem, alterungsbeständigem Papier
(hergestellt aus chlorfrei gebleichtem Zellstoff)